介護労働の本質と働きがい

石田一紀 著
ISHIDA Kazuki

萌文社

はじめに

生きがいをもって介護をしたい。

人に安らぎと希望を与える介護福祉職でありたい。

生きることを共に創造していく介護福祉職でありたい。

介護の仕事にたずさわる人であれば、誰もがそう願うことでしょう。

ところで、人格と向かいあうということは、人間の尊厳や発達課題からみた「専門性」が鋭く問われるということでもあります。しかし、現状において介護福祉労働は、ますます、その専門性とは逆行する労働条件に置かれていき、結果として、燃え尽き、挫折し、または、働きがいを見失っていく仲間も多いことは事実です。

そこで、本書は、「介護福祉労働の働きがい」に焦点をおいてまとめていくことにしました。そのため、介護福祉労働としての特性は何か、介護福祉要求の特徴は何か、介護福祉労働において基本的に問われる援助視点は何なのかを、事例分析を中心に、あらためて整理し直しました。なによりも、介護福祉という仕事に対する確信と展望をもっていただきたいと願ってのことです。

旧友の介護福祉労働者がわたしに語った次の言葉が忘れられません。

「自信をもって仕事をしたい。誇りをもって仕事を続けていきたい」

わたしたちは、人間らしく働き、そして、「健康で文化的な生活」を営む権利があります。その権利を守り発展させることは、同時に、お年寄りや障害のある仲間が人間らしく働き、「健康で文化的な生活」を営む権利を守り発展させることです。

しかし、今、あまりにも非人間的な労働条件の中にあって、多くの介護福祉労働者の仲間は疲れ果て、気力も持ち前の明るささえも少しずつ奪われようとしています。お年寄りや障害のある仲間への溢れるほどの思いも、時には見失い、働きがいを見いだせなくなり、職場を去る仲間も少なくありません。そして、多くの仲間は、介護福祉労働者として働くことに自信と誇りが持てなくなってきているのです。

こうしたときこそ、なぜ、自分たちはこういう状況におかれているのか、本質がもっと大きいところにあるということをしっかりと理解する必要があるのです。なぜ自分たちの労働や働きがいが今のような状況におかれてしまったのか、それがわかれば、問題を打開していく道がわかり、どう変えていけばよいのかがわかってくるからです。

同時に、見失おうとしている介護福祉労働の真髄も再認識していく必要があると思います。真髄と聞いて、みなさんは、「たとえ、それを知ったとしても、現実問題、そんなことは不可能だし、きれいごとにすぎない。第一、私たちの仕事は、時間と内容が規制されている」と思われるかも知れません。

　しかし、同じ細切れ時間であっても、どのような視点で、どのように取り組むかで労働の質は大きく変わってくるのです。そのうえで、どう変えていけばいいいか、私たちの働きがいはどうすれば実現できるのかを考え、その課題を共有していくことができればと思います。

もくじ

第1章　介護福祉労働の意義と働きがい

1．まず、問いかけたいこと

(1) 介護福祉労働者のおかれている状態

本論に入る前に、今、介護福祉労働者がおかれている状態、その問題点を共有しておきたいと思います。

まず述べておきたいことの第一は、過労による健康破壊が進んでいることです。「研修や勉強会に参加するどころではない」という声をよく耳にします。たまの休みは身体を休めることに徹するわけです。その私生活は人間的文化というより体力をいかに温存するかで精いっぱいといえましょう。

「休暇がまともにとれない、無償で出勤することがある」「家族とのふれあいがなくなった」「こなしてもこなしても業務に追われ、時間に追われ、次の仕事のことが頭から離れない」「時間ばかり気になる。細かな変化を観察する余裕がない」「注意力が低下していく」「笑顔が出なくなった」

こうした声が珍しくなくなっています。

とりわけ、介護福祉労働者の過重負担によるストレスから生じる多様な症状が広がってきています。具体的には、「めまいがする」「人と話をするのがおっくう」「動悸、吐き気がする」「胃痛が頻繁にある」「疲れがとれず、朝、起きられない」等であり、過度の疲労、ストレスはタバコ、飲酒、睡眠薬等への依存を強め、それは介護福祉労働者の身体を蝕んでいます。しかし、問題は単に肉体的疲労によるものだけではないのです。

すなわち、第二に、考える余力も与えない細切れ介護時間の積み重ねと、それに拍車をかける、スキルアップという競争原理が強化されてきていることです。仲間の多くは、細切れの介護報酬をいかに効率よく組み合わせ、こなしていくかで追われています。10分のコミュニケーションが許されない。介護記録というより介護報酬請求のための実績入力に追われる。「人なくしては成立しない介護」の「人」そのものを競争に追い込むという、きわめて矛盾した打開策によって経営を維持していくという、まさに市場原理の問題点が露骨に現れてきています。

第三に、介護福祉労働者の高齢化です。ホームヘルパーでいえば、階層が異なってきていることがよく指摘されます。かつてのベテランも今は70歳を過ぎて引退されています。ヘルパー全体が高齢化してきているのです。なかには、ケアマネジャーに転身したヘルパーも多くいます。

第四に、不安定な就労形態が一般化してきていることです。診療報酬・介護報酬の相次ぐ切り下げに耐えるために、正規職員をパート労働者に置き換えることが事業所において常態化しています。その分、少数の常勤に負担がかかります。主任兼、夜勤ホームヘルパー兼、給付管理事務兼などの多就労形態が一般化しています。他方、新人は先輩の後ろ姿から学ぶといったことすら困難になりました。それをパート労働者がそばで見て、専任にはなりたくないという感想がでてくるという悪循環があることも事実です。

第五に、長時間の夜勤労働という深刻な問題です。現状でいくと今後、2交代制のほうが、3交代制より「勤務と勤務の間隔を長くとれる」「一日の勤務が過酷でも休みがゆっくりとれる」という妥協的解決によって、2交代制導入がますます進むのではないかと危惧されます。他方で、2交代制における勤務帯前後の残業時間の増加は顕著になってきています（勤務帯、申し送りのあり方によって異なります）。現実に人が足りない、募集しても来ないという現状の中で、現場の労働者は悩み、模索し、その日その日をこなしてきています。いわば、2交代になるのも地獄、3交代に移行するのも地獄といった状況です。

今、介護福祉労働者の過重労働をはじめとした不安定就労の問題点をあげればきりがないくらいです。

第六に、時間外勤務手当が支払われないという現状です。休憩時間があっても休めないことが常態化しているどころか、時間外勤務手当の申請が認められない、タイムカードを刻印した後、仕事を続ける、申請すること自体を職員があきらめるなどの問題です。これは、喫緊の問題でもあります。

(2) 働きがい・生きがい

あるホームヘルパーの仲間の話です。建設会社勤務の夫の給料が不況を理由に大幅にダウンしました。そうなるとは考えもせず、夫婦は30年の住宅ローンを組んでいたのです。「家を手離すかどうか」夫婦は悩みました。結果は、「歯をくいしばってがんばる」ことにしたのです。以来、夫は毎夜10時過ぎまで働きます。疲れと不安が鬱積《うっせき》する。いつものように疲れきって帰宅してきた夫を、その夜、彼女は待ち構えていました。どうしても話したい職場の悩みがあったからです。疲れて聞く耳をもたない夫は「そんなにきついなら辞めてしまえ」と大声をはりあげます。ことばの暴力です。いわれた彼女は意気消沈しますが、「夫も精神的に疲れているのだ」「要介護者がわたしを待っている、辞めるわけにいかない」と考え直すのです。

あくる日、職場の上司から、急に日曜日の訪問を依頼されます。依頼内容はオムツ交換と服薬の確認です。「確認だけすればよいというものではなかろう。ホームヘルパーを何だと考えているのか」「いっそのこと辞めよう」という感情が再度湧き上がってきます。

しかし、彼女は気持ちをきりかえ、訪問に出かけて行くことにしました。気持ちを切り替えたつもりでした。

訪問後しばらくして、「あなた、今日なにかあったの？」と高齢の利用者から問いかけられてしまいます。その眼差しは、なんとなく自分の母親に似ているのでした。その日、ホームヘルパーはサバの煮付けを調理しました。利用者はたいへんよろこんでくれました。「サバの煮付けは、亡くなったお父さんに料理をしてあげると喜んで食べてくれたものだ。金もなかったし、たいへんなご馳走だった」と彼女に語ります。そして、帰宅時には「いまから帰って食事の準備をするのはたいへんだろうから、これをもって帰りなさい」とすっかり固くなった赤飯をラップにくるみ、手にもたせます。

仕事を終え、家にたどり着くと、子どもはあらかじめ作り置きしていたおにぎりを食べながら漢字の書きとりをしていました。母親を見ると満身の笑顔で駆け寄ってきます。しっかり握ってくるわが子の手の感触を確かめながら彼女は思うのです。

「まだがんばれる。がんばろう。大丈夫だ」

ホームヘルパーは要介護者から働きがいを受け取り、わが子から生きがいを受け取ったのです。

ホームヘルプ労働にかぎらず、介護福祉労働は、介護する・介護されるという一方的な関係ではありません。人格と人格が向き合い、生活援助を介して相互に働きかけ合いながら、高まりあっていく対人格労働なのです。しかし、今日、そうした働く喜び、それを支える労働保障そのものが希薄になってきています。

2. 働きがいのための一般的条件

介護福祉労働の働きがいを考えていくとき、その基本的条件である介護報酬や賃金をはじめとした労働条件を抜きにして語ることはできません。これは一つの事例です。

4年生大学において介護福祉士の資格をとり、卒業後、特別養護老人ホームで働き、10年たち、職場のリーダーとして人望のあった女性が職を辞しました。1年前、結婚し、家庭をもったことを仲間から祝福されたばかりです。理由は、職場の同僚から妊娠したかどうか、それとなく何回も聞かれるからです。ご存知のように、現状では産休が生じても、事業所の多くは人員を補充しません。退職でない限り定員数としてみなされます。実質、欠員のまま、職員一人ひとりの負担は増大していきます。その不安から職員は聞いてくるのですが、人手が足りない中、低賃金でもお年寄りのために懸命に頑張っている職員の実態を何よりも知っている彼女にとって、その質問は「妊娠しないで」という声に聞こえたのです。悩んだ末、彼女は辞職しました。

こうした現実があるのです。だからこそ、働きがいの基本的条件である介護報酬や労働条件、その実態を抜きにして、「働きがい」を語ることはできないのです。その点を踏まえたうえで、職員一人ひとりの働きがいを支えるものは何なのかについて、考えていきたいと思います。

働きがいを得るためには幾つかの一般的条件があります。以下、四点に分けて考えていきましょう。

第一に、労働目的をどのように主体的に立案しているかという条件です。それによる結果を想定する喜び、その裁量(自分の考えで判断し行動する)が保障されていることです。この点から見ると介護保険下の介護福祉労働において、最も問われる問題は、労働目的からの疎外でしょう。

人間は、目的に接近するために当面の目標を設定します。みずから立ち向かえる目標を一つひとつ自分でつくり、一つひとつ達成しながら目的に近づいていきます。たとえば長距離マラソンにおいて応援してくれる仲間や走行距離を目標にしながら、「そこまでは絶対がんばろう」と走り続けるのです。換言しますと、人間は実践することによって生まれるであろう成果を、あらかじめ想定し、さらに、それにともなう喜びをも先取りしながら、目的意識的に実践を積み重ねていくという特性をもっているのです。

逆に、目的や方法が他律的に設定されていくということは、その特性が奪われていくことなのです。目的が達成されたとしても、その達成感はむしろ、立案の主体者に帰し、辛抱し努力した当事者には心からの達成感というより、やり遂げた安心感が主となるでしょう。

働きがいは、他ならない自分の立てた目的とその結果がいかに合致しているかによって決まってくるといわれますが、基本は労働目的をどのように主体的に立案しているかということなのです。やりがいは立案の主体者に帰するのです。

第二に、働きがいは過程です。

人間は何かをめざして目的意識的に働きかける時間の流れの中で、今を生きる充実感が沸き起こり、生きていく張り合いを感じていきます。例えば、子育ては大変であり「早くこの子が育ってくれればよい」と思っていますが、いざ育って見ると「いちばん張り合いを感じていたのは苦しかった子育て真っ最中の時」などというように、「空《から》の巣症候群」ではないですが、よくあることです。見通しがもてない場合、やりがいを想定しえない場合、主体的な行動は生まれにくいものです。目的に向かって歩んでいるとき、目標を設定しながら意識的に働きかけていくその過程において、人間は働きがいを感じていくのです。

第三に、目的を共に分かち合う集団が存在していることです。一つの問題をみんなの目で見る。一人のことをみんなが気にする。一人の介護福祉労働者の失敗をみんなが共有する。自分と同じ思いを共感、共有してくれる。自分を必要としてくれる。そうした人間関係に溢れた集団が存在していることです。

第四に、働きがいは、単にやり終えただけでは安心感にとどまりやすいものです。働きかけた対象者からの何らかの具体的な反応が示されて、はじめて自分が何をおこなったのかが実感されるのです。例えば、何か月もかけて課題発表に備える。発表までドキドキしながら待機し、やがて発表がスタートし、そして、発表時間内に思っていたことを報告することができた。ホッとします。しかし、それだけでは何故か、すっきりしません。そのあと、聴衆の一人でも、例えば「あなたは私たちの日頃の思いを代弁してくれた」と語ってくれると、そこで初めて、自分が何をなしえたのか見えてきて、達成感が味わえます。すなわち、共感と応答という関係が具体化された時なのです。

以上は、働きがいのための一般的条件です。しかし、働きがいに関わって、私たちは介護福祉労働の次の特性を考えなくてはなりません。

3. 介護福祉労働の特性

(1)労働特性を見極める基本視点

ある労働が何を特性とするか、その識別は、何を労働対象とするか、その特徴によってなされてきた傾向があります。すなわち、人間と人間の関係を基軸とする対人労働と、人間と自然との関係を基軸にする対物労働という二分化論です。前者は、生命の再生産を基本として、人間が人間に働きかける労働です。後者は、物ないし自然に働きかけ、生活資料を生産し、自然を変革していきます。

しかし、そうした人か物かという二分化では現象的に識別しにくい労働があります。特定の人の要求にこたえるために、物に働きかけ、自らの技能を結晶させた特定の生産物を提供する労働です。

たとえば、山本という特定の客に依頼された洋服店の職人は、労働手段は針、はさみであり、労働対象は布地であり、生産物はドレスだとします。これ自体、物を対象にした労働にほかなりません。しかし、その労働過程において、山本という客と合意形成のためのコミュニケーションをいかに図るかが成功のカギを握っており、すなわち、注文した客という人を労働対象にして働きかけていきます。

単に一般的商品の生産、販売に従事しているのではなく、特定の人の、特定な要求に沿った商品を創造している場合、その客が求めているのは、できあがった商品というより、自らの個別的な要求に応える実践・活動であり、それを提供する労働力です。

労働者が直接、働きかける労働対象は自然、事物ですが、その労働は特定の人の要求に合致したものを目的意識化しおこなわれる労働です。労働者は物に働きかけるとともに、自らの技能を客体化させた生産物を媒介に人という労働対象に働きかけます。

上記の過程を成立させるためには、基本的な条件があります。サービスを提供する側と受け取る側、双方の労働過程全体にわたる相互理解、合意形成、そのためのコミュニケーションが成否の鍵を握っていることです。

こうして、人を対象とし、生産物を媒介に提供される労働は、物質生産労働には違いはないのですが、転じて人を対象にしたサービス労働のように現象的には見えてきます。見失ってはならないことは、労働目的は物的生産にあるということです。わたしは、こうした労働を「擬似的対人サービス労働」と表現してきました。すなわち、その労働目的は直接的に物的生産にあるのですが、現象的には、人に働きかける労働に見えるからです。

このように、労働目的が物的生産にある「擬似的対人サービス労働」に対して、介護福祉労働の労働目的は、向かい合う人格の生存権、発達保障にあります。これを私は「対人格労働」と表現していきます。詳しくは後で述べます。

なぜ、この「擬似的対人サービス労働」と「対人格労働」について先に述べたかといえば、第一に、介護福祉労働は、人格の生存権、発達保障を目的とする「対人格労働」ですが、「擬似的対人サービス労働」に転じていくことが多々あるからです。

具体的には、介護福祉労働の目的が汚物（おむつ交換等）・食材（調理等）というモノへの働きかけそのものであって、生存権・発達の主体である人格への働きかけが見失われがちになることです。周りの人々から見ても、例えば、ヘルパーさんは掃除や調理など家事援助をやってくれる人、あるいは、オムツ交換や清拭をやってくれる人など、介護福祉労働としての本来の労働目的が、現実の業務において逆立ちして現れることが多いからなのです。

第二に、介護福祉労働は、調理、清拭等、直接、物や身体に働きかけるとともに、生存権・発達の主体である人格へ働きかけていきます。調理をしながら、たえず、要介護者への観察、コミュニケーションをおこなっていきます。これをわたしは「労働対象の二重性」と表現してきました。

先に述べたように、利用者も、求めているものは、できあがった物というより、自らの個別的な要求に応える実践・活動であり、それを提供する労働力です。看護も医療も同様です。患部という身体に直接的に働きかけるのですが、同時に、患者の人格へ働きかけていきます。

それゆえに大切なことは、労働の専門性を考えるときには、労働対象ではなく、労働目的が何なのかということを見ていかねばなりません。たとえば、労働目的は個別のニーズに合致した物的生産なのか、あるいは、向かい合う人格の生存権、発達保障なのかということをきちんと見ていかないといけないということです。ここを見失うと、自分の労働の本質は何なのか、見えてきません。結果として労働対象も汚物（おむつ交換等）・食材（調理等）というモノになってしまいがちです。

ともあれ、ここで確認しておきたかったことは、労働特性の違いは労働対象ではなく、労働目的に注目していかねばならないということです。

第三に、介護福祉労働は、「人を対象にする労働」という共通性から、いわゆる「サービス労働」として括《くく》られていく傾向があることです。その結果、介護福祉労働が「対人格労働」であることが見失われ、労働目的は相手の嗜好に沿ったサービスをいかに提供していくかということになってしまいます。つまり、要介護者（利用者）を、サービスの対象としてのお客（商品の対象）として見ていく考え方に取り込まれていく危険性があるのです。

整理しますと、①働きかける対象が物か人かという単純な二分化論では労働の特性は識別できないということ、②「対象が人である」という共通性から対人サービスとして括ると、労働目的が、物の生産、あるいは相手の嗜好に沿ったサービスの提供なのか、人格の生存権、発達保障なのかという労働特性に関わる本質的な違いが曖昧になること、③労働特性の違いは労働対象ではなく、労働目的に注目していかねばならないということです。まずは、この点を確認して先に進みましょう。

⑵対人格労働

介護福祉労働は、人格の生存権、発達保障を目的とする「対人格労働」であると述べました。その内容と、そこから見た介護福祉労働の働きがいをこれから詳しく述べていきましょう。

なお、対人格労働としては介護福祉労働以外に、看護労働、教育労働などがあり、介護福祉労働に固有なものではありません。それでは、他の対人格労働と比べて介護福祉労働はどのような労働特性をもっているか、この点も後に改めて述べていきます。まずは、つぎの詩を読んでみてください。尊敬する森川京子さんの「もつと百倍くらい」という詩です。

もっと百倍くらい

森川　京子

どのくらい　尿は出たのだろう
いつから　大便が出ていないのだろう
今日は何と何が食べられたのだろうか

水分は足りているの？
少し咳が出てますね

今　つらいのではないですか
今　耐えられないのでしょう
ずっと　すわらされたままですね
本当は　とても心配しています
もっと百倍くらいやさしくしてあげたいのに
何もできない
片足のないことくらい日常になってしまっている
ここで

かつて画家だったあなたの心は　今も確かに
画家なので　おもわず絵筆に手がのびる
あなたのマヒした画家の手が
側にあったバケツをひっくり返す
「誰にも描ける絵」の説明をしていた若い講師に
子供のように手をつながれて
あなたはかたくなったまま

軍歌の嫌いなあなたが
音楽リハビリの合奏で軍歌に合わせて鈴をふる
動かない左手の指をひろげ　あなたはそれを
チリンと落とす
そばにいた職員が　なにげなく拾ってくれて
あなたはあきらめて　鈴をふる

片足のないことくらい日常のここで
百倍くらい　やさしくしてあげたい人がいるのです

水分は足りているの？
少し咳が出てますね
今　つらいのではないですか

4. 介護福祉労働の特性と働きがい

先程、働きがいを実感していくための一般的条件を四点、考えてきました。すなわち、働きがいは、第一に、労働目的をどのように主体的に立案しているかによって規定されている。第二に、人間は何かをめざして目的意識的に働きかける時間の流れの中で、今を生きる充実感が沸き起こり、生きていく張り合いを感じていく。第三に、目的を共に分かち合う集団が存在している。さらに、第四に、働きがいは、単にやり終えただけでは味わえない。働きかけた対象者からの何らかの具体的な反応が示されて、自分が何をおこなったのか実感しうる。共感と応答という関係が具体化された時である。以上、四つの一般的条件です。

問題はこれからです。上記の働きがいに関わる一般的条件に加えて、介護福祉労働の特性を考慮した働きがいについての条件を考える必要があると思います。

先に、介護福祉労働は、人格の生存権、発達保障を目的とする「対人格労働」であると述べました。すなわち、介護福祉労働の特性は、第一に、人格と人格が直接向き合い、顔の見える関係づくりのもとで実践される労働であるということです。商品生産一般が、生産者と消費者の双方が、互いに見知らぬ関係のまま生産され販売されていくのに対し、介護福祉労働は直接、対面することなしに労働は始まりません。

第二に、介護福祉労働において、その労働対象は事物ではなく人格であるということです。その人格とは、人が人として人間らしく生きていく上での社会的な障害があり、その障害を発達のバネにして素質や個性を生かし広げ、あるいは伸ばし、人間らしい生活を創造していく主体のことです。人と人との直接的な関係が基本にあるだけでなく、働きかけていく人格そのものが問われてくるのです。すなわち、特定の人格へ、特定の目的で実践される労働なのです。

第三に、私たちが向かい合い、働きかけようとしているその人は、その人の今ある人間的諸能力を精一杯発揮させて、絶えず自己を表現し自己を確証しようとしていることです。働きかける介護福祉労働者も同様です。この「働きかけ合い」は、双方の目的の見直しを絶えず求めます。そうしない限り前に進みません。そのためには、いかに向き合うか、関心をどこに、どのように深く抱いているかが問われてくるのです。

第四に、重要なことは、介護福祉労働者と要介護者とが、双方向に働きかけ合うことによって、回復し、高まる人格は一方の側だけではなく、双方にもたらされるということです。表面的な働きかけ合いでは把握しえない、互いに潜在化している個々人の可能性、諸能力、これらを互いに見失うことなく具現化し合い、合体し合うことによって、そこから介護福祉労働者と要介護者双方に、新たな生活の質が生まれていくのです。

第五として、介護福祉労働は生きた人間の活動として表現されます。その労働の成果は物的形態をとりません。労働とそれが消費されていく場、時間は同時一体的であり、同一空間で展開します。他の商品の様に、労働の成果が、それをなし得た労働者という人格から離れて、独立した商品として独り歩きしていくわけではありません。

第六は、だからこそ、今、実践しているその場、その瞬間が大切なのです。要介護者にとっても、明日がどうのこうのというより、今が、その瞬間が大切なのです。その人にとって、いかに生きがいのある一日であったか、そして、今日やっておかなければならないことを成し得た一日であったか、それが問われるのです。要介護者の日々の生活における目的意識性をじっと見据えながら、その人の生きがいが一つでも多く実現できるように介護が実践できたならば、介護福祉労働者としての喜びは格別です。それはまた、自分自身も一日一日を大切に、充実した日々になるよう研讃することでもあるのです。

以上、介護福祉労働は、①人格と人格が直接向き合い、顔の見え合う関係づくりのもとで実践される労働であること、②人と人との直接的な関係が基本にあるだけでなく、働きかけていく人格そのものが問われてくる。特定の人格へ、特定の目的で実践される労働であること、③我々が向かい合い、働きかけようとしているその人は、その人の今ある人間的諸能力を精一杯発揮させて、絶えず自己を表現し自己を確証しようとしていること、よって、いかに向き合っているか、関心をどこに、どのように深く抱いているかが問われてくること、④介護福祉労働者と要介護者とが、双方向に働きかけ合うことによって、互いに潜在化している個々人の可能性、諸能力が具現化し、合体し合うことによって、そこから介護福祉労働者と要介護者双方に、新たな生活の質が生まれていくこと、⑤介護福祉労働は、生きた人間の活動として表現され、その成果は物的形態をとらず、労働とそれが消費されていく場、時間は、同時一体的であり同一空間で展開することなど——という特性を持っています。とりわけ、労働の成果が物的な形をとらないゆえに、何をなし得たか、その人がどう変わろうとしているか、可能性を見失うことなく、アセスメントし合うことができる仲間の力が必要であるという特性を持っているのです。

とするならば、介護福祉労働における働きがいの決め手は何かといえば、結局、労働過程全体において介護福祉労働者個々人が絶えず目的を共有し合い、何を成し遂げたのか共感し合い、評価し合い、同時に目的を絶えず見直していくということではないでしょうか。

5. 働きがいの源泉

「自分が職場にいることの存在意義が実感できる」「やり遂げた実践をスタッフが認めてくれ、何より要介護者の生活の広がりや可能性が見えてきた」「自分が必要とされていることを改めて実感する。もっと創意をこらして頑張ってみよう、そんな気持ちが新たに湧いてくる」

こうした働きがいを生む基本的な条件が、実際の労働現場で存在しうるということです。人間は、他者によって感情を共有され、伝え返されることによって、自分の思いを意識（客観化）できるのです。主体的行動は、ほかならない、この本人の思いが客観化され生まれてくるのです。①まず、本人が内的に抱いている思いが、他者をくぐり抜け（応答され）、共感されることによって、②その共感が具体的な言葉で伝え返される（共鳴する）、③そこで人間は自分の思いを一定、客観化しうるのではないでしょうか。

このような「働きがいに関わる関係づくり」は、介護福祉労働者と要介護者の関係においても、当然いえることです。

要介護者自身の達成感は、介護職員という他者によって的確に受け止められ、達成感が共有され、そして、具体的な言葉で評価されることによって、そこではじめて達成感がそれとして本人に実感されていくのです。自分の力を生かす生活の場づくりとともに、自分の喜びを受け止め、的確に評価してくれる他者が必要です。そのことによって人間は、自分が何を達成したのかということを客観化でき、意識できるのです。

換言すれば、この「共感し、伝え返すタイミングと評価能力」を、介護職員は、専門的に培っていかなければならないのです。

6. 潜在化している諸能力を互いに具現化していく過程

介護福祉労働者と要介護者は、生きていくうえでの苦しみ、喜びを共有し合う同じ生活者として人格的な関係にあります。何よりも、互いに働きかけ合う、その過程を通じて、互いの、今は見えない、見ようとしないと見えない潜在的な諸能力を引き出し合っていくのです。これは、介護福祉労働者にとって大きな働きがいになります。

働きかけ働き返す、その実践の積み重ねが一つの結晶として次のような実感を双方に与えます。「こんないいところを、その人はもっていた」「こんないいところを自分はもっていたのか」「相手も変わったが自分も変わった」こうした実感です。

介護福祉労働者は、要介護者から料理や生活の知恵、そして生き方など、様々なことを学び、励ましも受けます。例えば、お茶に花びらを入れたり、洗剤がないときには灰を使って洗うことを教えてくれたり、ティッシュ一枚たたむにも角を合わせてきちんとたたまれ、手紙の書き方一つにしても、きびしく指導される。かと思うと、「あなた、疲れているのねー」と敏感にキャッチされる。そこには、日々暮らすために必要な知識と知恵を蓄えた、病気になっても持てる力を発揮して懸命に生きていこうとしている、高齢者ならではの素晴らしい特性を見ることができます。この喜びが次の仕事の意欲へとつながっていきます。無論、こういう関係が作れるのは、共に悩み・苦しみ・喜び合う生活者として関係を形成しうる労働の場があるからです。

「介護計画では、潜在化している諸能力を互いに具現化するなどということまでは考えられない」という意見があるかもしれません。しかし、本来、計画や課題というのは、それをただ人々が共有し、実施さえすればよいというものではありません。集団で何かをする（計画する）ときには、まず全体の作業過程を面倒でもいったん各部分作業に分けなくてはなりません。仕事の流れやつながり方を見落とすことなく予測するわけです。どこが重要かについても予測しておかねばなりません。そして、その流れに沿って課題を個々のケアスタッフに割り当てていかねばなりません。その割り当ての過程においてケアスタッフのめいめいが互いを再評価し合います。そのことは、その人本来の潜在化していた力をより具現化していくことでもあるのです。計画とは集団の総意によって個々人の潜在化している能力を掘り起こしていくことであり、それを束ねて具現化していくことです。そこに計画するということの真髄があるのです。仲間一人ひとりの存在が周りから評価され認められる。周りとの関係において出番がある（自分を表現する場がある）。こうした関係づくりは、「あてにされている」「必要とされている」という社会的存在感を保障していきます。社会的な責任感を形成していきます。それによる張り合い、手ごたえ、そこから生まれる自信によって人は、自分自身の考えをより確固たるものにしていきます。

ところで、以上述べてきたことは、目的や方法が他人からの管理や競争によって他律的に設定されている場合、あるいはその内容において社会的に意味のある活動として実感し得ない場合、事情は異なってくるのです。

7. 介護福祉は「サービス」なのか

たとえば、要介護者主体と言いながら、要介護者をもてなす「サービス」を介護福祉労働と同一視する見解を聞くことがあります。「これからの介護は、サービスを充足して客を集めること、そのための創意あるメニューを考えなくてはなりません」「いつのまにか、近所に同じような施設ができているのですが、数年たっても、そこでどのようなことがおこなわれているか、さっぱりわからないのです。だから、情報を集め対応していかねばなりません」

こうした意見を施設管理者の人々から聞く機会が多くなりました。極めて低い介護報酬のもとで競争させられている現状の中で生まれた言葉でしょう。

介護福祉が本来持っている共同性という特性も、市場原理においては、利潤の追求のための「サービス」へと転化していきます。そこで問われるコミュニケーションとはどのようなものでしょうか。介護福祉においてコミュニケーションは基本ゆえに大切です。

市場原理のもとでは、利用者にどのような「サービス」がどのように提供されるのか。要介護者のニーズと実際に提供される「サービス」は別問題です。

支払い能力によって供給できる「サービス」とその内容が「情報」として与えられ、実際に、どの「サービス」を受けるかは利用者の「選択」によりおこなわれます。そして、その「自由」な「選択」は「受益者負担」が原則となっています。

ここにおいて、人と人との関係が金と金との関係に物象化（人と人との関係が物と物との関係として現れること）して現れます。その利用者がどのような「サービス」を必要としているか、そこにコミュニケーションが存在するとすれば、サービス提供者と利用者本人との、受益者負担能力を前提とした、「サービス」の選択・開発のためのコミュニケーションということになるでしょう。

結果において、サービス利用に格差が生まれます。換言すれば、「サービス」の選択に関わる利用者間の競争、「サービス」を提供する側にとっては選ばれるための競争が展開していくことになるのです。

その点だけを見れば、一般の市場で売買される、対人という共通性を持った「サービス」を提供する労働と介護福祉労働は〝同質化〟していくでしょう。そこに問題があるゆえに、私は「擬似的対人サービス労働」という表現を用いたのです。

8. 共同性という特性

対人格労働である介護福祉労働の働きがいは、他の労働と比べ相対的に大きいといえましょう。しかし、逆に、その労働行為が、本来持っている共同性という特性から反すれば反するほど、働きがいの喪失は大きくなります。そして、労働対象との対面時間が量質ともに細分化されればされるほど、同時に、向かい合う人格との共感・応答という労働過程が希薄になればなるほど、働きがいの喪失は他の労働と比べ相対的に大きくなるのです。

現在、介護福祉労働は、介護保険制度に規定されて、ますます細分化、限定化、画一化、営利化されてきています。その問題を働きがいという視点から見れば、介護福祉労働者にとっては働きかけることによる未来の成果、その喜びを奪われることであり、主体的に目的を立案し、それに近づく過程にともなう働きがいが奪われることなのです。目的が達成されたとしても心からの達成感というより、やり遂げた安心感のほうが主になるのではないでしょうか。

自分が担う労働が、部分労働・過重労働になっていく。自分がやったという実感も希薄になっていく。駆け足でやらないと仕事は終わらない。「とにかく自分のところだけきちんとやればよい」というように全体から切り離された実践に陥りやすい。自分の仕事の社会的意味や重さ、それによる責任感を実感しえることが少なくなってきている。何のための介護福祉労働者なのか、自分に何ができるのかが見えなくなっていく……。こうした傾向は否めないでしょう。

他方、介護福祉労働者の数そのものが絶対的に不足している中で、腰痛が激化しても休みを取りにくい、有給や産休等も仲間に遠慮して消化しきれない。給料も上がらないどころか、年々減っていく。そうした現状の中で、働きがいを感じつつも職場を去っていく仲間が増えています。

働きがいは、介護報酬をはじめとした基本的な労働条件と切り離して語ることができません。働きがいは職場という集団の民主化、あるいは、個々人が互いに民主的な人間形成をめざして働きかけ合うこと、そして、何よりも、国や地方自治体を民主化していくこと、この三つを有機的に結び合わせた実践を日々つくりあげることによって達成されるということ、この原則が今日、改めて痛感されます。

瑠璃いろの朝に

森川　京子

遠くの空が　瑠璃いろに変わる頃
夜勤さいごのオムツ替えが　はじまる

夕べ飲んだ薬の効果もあって
排泄物を集めた袋は　ずしりと重たい
「おはよう　よくねむれました？」
汚物にまみれた臀部を　ホカホカのタオルで清拭
「おお　きもちよかあ！」
「もしもの時には　ここで看取って下さいね。」
小林さんが言ったのは　もうずいぶん前の夜だ
とがったほほ骨の上に
ほんのり　たしかな朝が来ている

何か大事な無くしものを捜し求めて
一晩中廊下をさまよっていた賢造さんは
今　ようやく寝息をたてはじめた
ぐっしょりぬれたオムツを　そっととりかえる

「木ノ町三丁目　タナカ　ナカヤに電話して下さい。

いつまでも　こうしてお世話になっている訳には
まいりませんから　どうかお頼み申します。」
毎晩　同じ事を頼みに来る田中さんは　ここに来て一年
荷物は風呂敷にくるまれていて　机もタンスもからっぽ
そんな田中さんの顔も
今朝は鏡の中で　笑っている

自転車を押して　多摩川の土手にかけのぼる
ひんやりした空気が全身を包み
器官のひとつひとつに　こころよい疲れが広がっていく
夜勤明けの　ぼんやりした頭の中に
雲がひとつ
ポカンと浮かんでいる

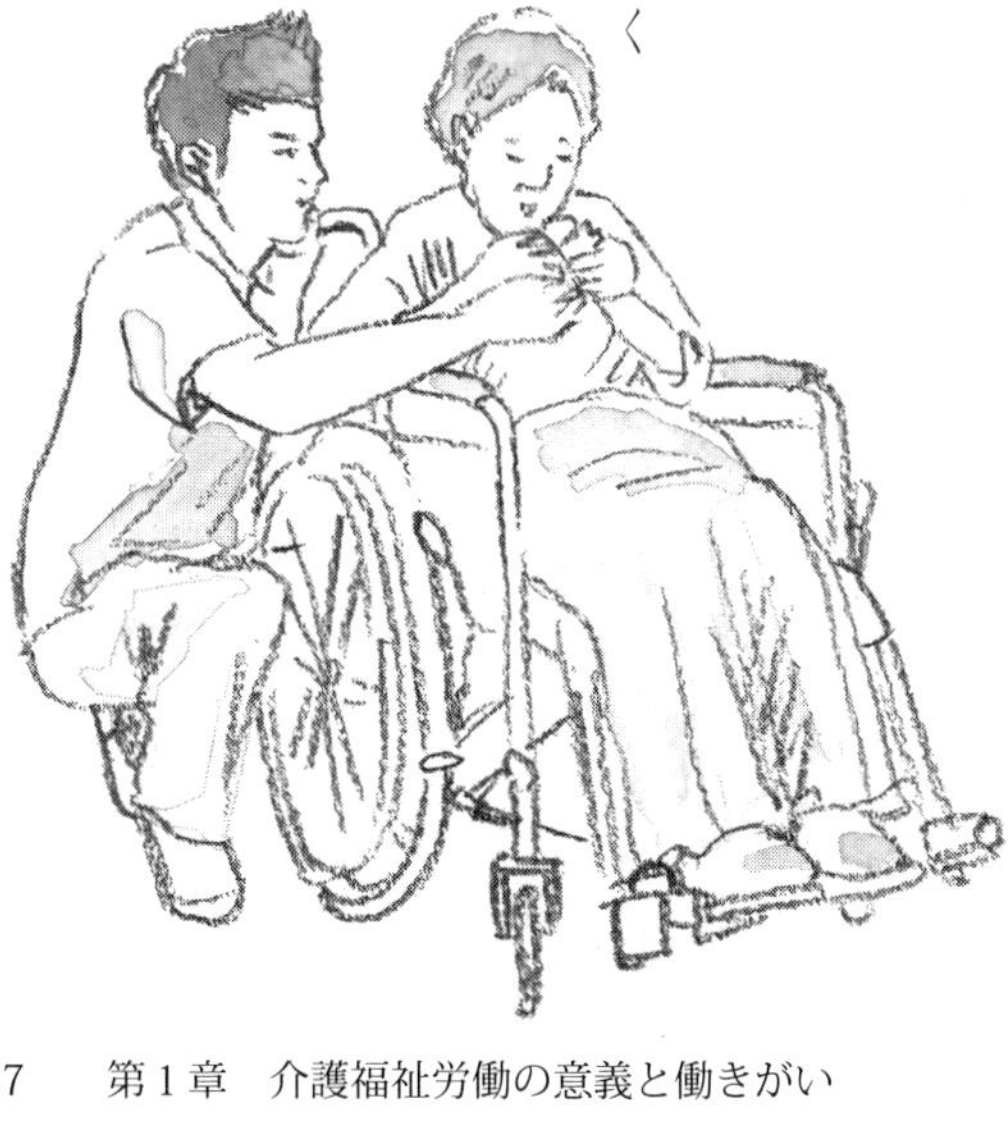

第2章 介護における生活概念

介護福祉が人格を対象に働きかける限り、①人間の生活ということ、②その生活において主体であること、③人間として自立、そして、発達していくということを、どのように考えるかは大切です。以下、まず、介護福祉労働の対象となる生活とは何かを考えていきましょう。

1. 生活文化によりそう

介護福祉は人間の生活の場に立脚して展開されます。それゆえにこそ、生活をどのように考え、介護を実践していくかが問われてきます。

以下では、動物一般ではない人間の生活の特性である、1. 生活文化、2. 目的意識性、関連して内面的要求の把握、3. 社会的存在、関連して生活史、生活問題をキーワードに事例を通して説明していきます。まず最初に、生活文化について述べていきます。

第一に、人間の生活は、衣食住を基本とした社会的で平均的な人間的生理的要求を充足させていく過程のことです。それは、要介護者の主体的な行動が拡大していくための基本であり、要介護者の関心が社会的に広がっていくための基本です。介護福祉労働は、この人間が生活していく上で基本となる、人間ならではの生理的・文化的要求の充足を媒介にして、要介護者の本来的な生活様式、生活文化を復元していくことをめざしていきます。なぜなら、生活問題の入口に家事労働のつまずきがあり、その中に援助の手がかりが潜んでいるからです。例えば、どのようなものをどのように調理して食べ、あるいは、すでに調理したものをどのように食べているかという食生活のアセスメントは、その人の現在の状態や生活史を総体的に把握していくための端緒を与えてくれるからです。

なお、実践において、私たちが注意しなければならないことがあります。それは、人間が、他の動物と異なる生理的要求の特性を持っているということです。

人間は、生物として個体の維持と種の保存に関わります。摂取、排泄をはじめとして生理的欲求は人間の生活の基礎となるのです。しかし、人間は他の動物と次の点において生理的欲求が異なります。人間は例えば、食に対する欲求が食文化として現れるように、対象を絶えず創造していくのです。対して動物は自然そのものの中に対象を見出します。

人間はなぜ、そうめんを器にのせるだけでなく、竹の筒にそうめんを流して食べるのでしょうか。さらに、例えば、備前焼の器にさしみを並べて食べることになぜ喜びを感じるのでしょうか。なぜ特に何も味のない一枚の紅葉の葉を天ぷらにして風情を楽しむのでしょうか。なぜ、バラ寿司の材料一つひとつに生活面から意味を与えるのでしょうか。そこには人間ならではの食の文化があります。誕生日に妻がワインに添えてつくってくれた三つ葉と牛肉のサラダ、子どもが喜んでくれた鶏肉のピカタ、郷土自慢の団子汁、草刈りに朝早く起こされ、歩きながら食べた焼きおにぎりなど、食にはその人が生きてきた様々な生活場面が焼き付いています。調理は単に給食サービスで腹を膨らませればよいということではありません。その人の食という文化に寄りそって、その道のりを凝縮している在宅という場で調理します。そこにヘルパーならではの調理という介護があるし、働きがいがあるのです。

事例を紹介しましょう。中山間地域に居住しているFさんは、92歳になる一人暮らしの男性です。地区ではなかなかの頑固者で有名な男性でした。妻に先立たれ長男夫婦と同居していました。間もなく長男が死亡、その後、嫁と孫は転居し、Fさんは一人暮らしになります。次男夫婦が見かねて自宅の横に部屋を作りFさんを引き取りました。しかし、その生活も長くは続かずFさんは自宅へ戻ってしまいます。その後、心臓左室肥大悪化で入院。退院後、本人は施設を拒否し自宅で暮らすことを希望しました。しかし、食欲が次第になくなり、歩行も不安定になっていきます。

ホームヘルパーが派遣されることになりました。けれど、Ｆさんは食事は「何でもいい」「家で死ねれば本望だ」と語り、ヘルパーを受け付けようとしません。「何か生活の中で楽しみをもって、生きようという思いになってもらうには、どうすればよいのだろう」とヘルパーは考えます。Ｆさんは「明治気質《かたぎ》」で、ご自分のことや思いを他人に話すことは少ない人でした。ヘルパーは悩んだあげく、「奥さんの一番得意だった手料理は何ですか」と聞くことにしました。「そんなものない」と言われるかと思っていましたが、「ちらし寿司よ」と答えてくれたのです。そこで、Ｆさんの誕生日にちらし寿司を作って、お祝いをすることを考えます。さっそく上司に話し、数人のヘルパーとにぎやかに誕生日祝いをすることになりました。看護師も加わりにぎやかなパーティーとなりました。Ｆさんは物静かでしたが、次のことを語ってくれたそうです。「昔は、ふだんは麦飯を食べて、五節句（一月正月、三月女の節句、五月男の節句、夏立て、秋立て）に、ちらし寿司、五目御飯など、ごちそうを作って祝った。節句には嫁に行った子どもたちも里帰りし、『里腹、七日』といって、いっぱい食べて嫁ぎ先へ帰っていった。特に、五月の節句には大勢集まり、五升釜でご飯を炊き、タケノコ、にんじん、板付きかまぼこなどを使って、ちらし寿司を作り、お皿に盛りつけ、その上から、紅生姜、のりで飾った」。子どもたちに囲まれ、にぎやかで、楽しかったころの思い出をゆっくりたどるように、Ｆさんはヘルパーに語るのです。「頑固な」Ｆさんが「ほとけ様」のＦさんに変身するのです。

五月、ヘルパーの見守るなか半年ぶりに入浴され、そして、庭まで出て来て椅子に座り、家の周りを見たりできるようになります。その後、夏になって再入院され、他界されていくのでした。

さて、こうした食を媒介としたホームヘルパーの実践も、介護保険制度により介護内容、介護時間が限定化、細分化、定型化され、営利サービス化された労働形態の下では、客観的に困難な状況を強めています。

しかし、次の点は忘れてはならないと思います。欲求を充足する様式において、動物は生得的であることに対して、人間は社会的諸関係に規定され、生活史・生活文化という歴史性を持つと同時に、その内容は生活問題に規定されています。例えば、拒食のごとく、人間は自己の存在感という高次な意識と食事という行為が切り離されることなく一体となって実存しています。

働きかける対象が人間であるゆえに、介護福祉は単に生理的要求の充足で済ますことはできません。その人の生きてきた生活史、生活文化、生活問題を理解し、生活援助を実践していく必要があるのです。

2. 生活における目的意識性

(1)見通しを持つ、周りに働きかける

次に、目的意識性です。

人間は動物と違ってあらかじめ結果を頭のなかで先取りし（表象）、それに基づき、能動的・意識的に対象を選定し働きかけていきます。それにより周りを変革し、自身も発達していくのです。そうした目的意識性の有無が動物と区別される人間の特性です。

市橋博氏は次のように語っています。「たとえば、自分で線をまっすぐ引く、苦労しながら、工夫しながら二つの手で経験することはなにものにも変えられないのではないか。釘を打ったら二つの板が一つになったという経験、五十を過ぎてはじめて自分で手紙に封をした経験、そのような生活に根ざした経験が意外にない障害者というのは多いのではないでしょうか」「いくつか経験するなかで、自分なりの見通しを持ち、他人より時間はかかるけれど自分の頭で考えて、工夫しているという自信と、達成の喜びが、自分を助けました」（注：市橋博「障害者の体験的自立」『人格と発達』、全障研、１９９０）。

市橋氏は「生活に根ざした経験」をどのように積み重ねるかによって、障害者の「生活に対する意欲」「喜び」は違ってくると語ります。

さて、市橋氏は介護が不要になることを自立として考え、体験を述べているのではありません。氏は、「生活に根ざした経験」を積み重ねていくその過程において、「自分なりの見通しを持ち」「自分の頭で考えて、工夫」しながら周りに働きかけ、結果として自分が人間的に発達していくこと、その喜びと自信を培うこと、これらの過程の大切さを述べているのです。言いかえれば、そのための側面的な支援が介護福祉労働に求められているのです。

市橋氏の自立理解は、いわゆる日常生活動作の訓練等により達成すべき自立という通念的理解ではありません。あるいは、日常生活の可動性において「できない」ところと、潜在的に「できる」ところを介護職が見極めて、「できないところ」に手をさしのべてくれることを求めているわけでもないのです。氏は、「できないところ」に手をさしのべてくれる介助を求めているというより、人間として発達していくという本来的な目的に添った日々の生活要求ないし目的意識性を、心身共に支えていく介護福祉こそを求めているのです。

本章の基本となる分析視点も次の点にあります。すなわち、身体的・社会的に障害がありながらも、外的な対象に目的意識的に働きかけ、自分らしさを能動的に獲得していく、その過程の中に自立を見ていく必要があるし、その過程を側面的に援助していく介護こそ求められているということです。

以下では、目的意識性という人間の生活における特性を見据えながら、ホームヘルパーを題材にして、介護過程を検討していきましょう。

(2) 「要介護者の要求をどのように引き出していくのか」

訪問の際、ホームヘルパー（介護職）なら誰しも共通して思いめぐらすことは、要介護者の要求をどのように引き出していけばいいのかということでしょう。「それよりも、現実は、依頼されたことを、どう時間内に消化するかが問題ですよ」と言われるかもしれません。しかし、たとえば依頼された清掃に従事しながらも、たえず「その人の思いは何なのだろうか」、「こんなことをやっていていいのだろうか」と考え続けながら仕事をしたことはあると思います。訪問初期は特にそうでしょう。

ヘルパー（介護職）が向かいあう人々の心身の状態は急変しやすいのです。なによりも働きかける対象は人格です。その人の今、おかれた状況や思いを考えずして、依頼された仕事を機械的にこなすということ自体に無理があるのです。

「要介護者の要求をどのように引き出していくのか」。その問いに対して十人のベテランヘルパーがいれば十人なりの解答が返ってくるでしょう。

たとえば、「要介護者のニーズの何を優先して介護計画を立案するか」がよく問われます。その際、頻繁に依拠される理論にＡ・Ｈ・マズローの「ニーズの階層（ヒエラルキー）」というものがあります（注：Ａ・Ｈ・マズロー著、小口忠彦訳『改訂新版 人間性の心理学―モチベーションとパーソナリティ』産能大学出版部、１９８７年、参照）。

「人間のニーズは段階的に出現してくる」という一般的理解です。たとえば、「生理的ニーズ」が満たされて、次の「安全のニーズ」（安全、安定、依存、保護、恐怖・不安からの自由、秩序などへの要求）が出現し、それらが十分に満たされると、「所属と愛のニーズ」（人々との愛情に満ちた関係、所属する集団や家族においての位置を切望するなど）が現れてくる。次に「承認のニーズ」（安定した、根拠を持つ自己に対する高い評価、他者からの承認、尊敬などに対する欲求）が満たされ、「生理的ニーズ」、「安全のニーズ」、「所属と愛のニーズ」、「承認のニーズ」が先立って満足された場合に、「自己実現のニーズ」（その人が潜在的に持っているものを実現しようとする欲求、自己充足〈よりいっそう自分自身であろうとする〉への欲求）が出現するという論理の展開です。

一つのニーズが満たされると、次の高次のニーズが出現してくる。その順序は基本的に図に示されるとおりで、基本は「生理的ニーズ」の充足です。

要介護者のニーズの何を優先して介護計画を立てるのかというとき、この段階的な要求の現れ方がものさしになっていくのです。

ニーズは段階的に現れる。要求の取り上げ方もそ

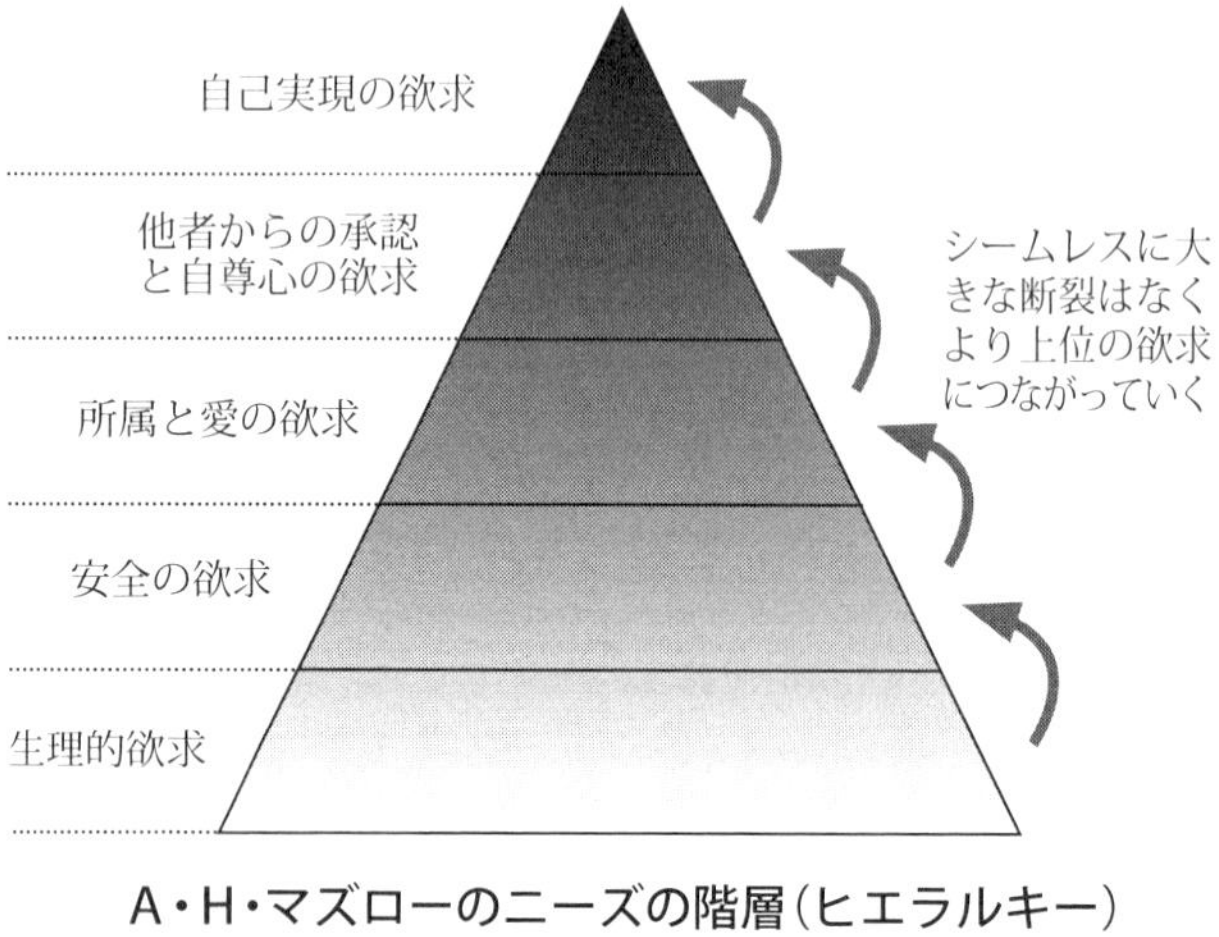

A・H・マズローのニーズの階層（ヒエラルキー）

の優先順位によってなされていく。そうだとしたら、身体的・生理的ニーズの充足が条件となって精神的な介護が可能であるという前提理解が成り立つことになります。

しかし、たとえば排泄や食事というニーズは、ある場合、自己の存在に関わる「承認のニーズ」と一体となって現れてくることを、どう判断したらいいのでしょうか。「承認のニーズ」の見通しが持てない場合、「拒食」などが見られることは珍しいことではないのです。

食欲にかぎらず、生理的・身体的要求の背景には、単に生理的なものだけでなく、たとえば生きねばならない、やらなくてはならないという、その人ならではの目的意識性があるのです。その人の病像を重視していくことと、その人が、どのように生きてきて、どのように生きようとしているのかという生活像・社会像を尊重していくことは車の両輪なのです。その総合性が見られない援助視点からは、生への拘束はあっても、要介護者の主体的な行動は生まれてこないでしょう。ある場合、見ようとしなければ見えにくい人間の内面的要求が実質的には切り離されて、外面的にわかりやすい身体障害が一面的に重視され、取り上げられていく危険性は多々あるのです。

ところで、マズローが述べているのは、要求が段階的に現れるというより、個々の要求の連環性であり、統合的な性格なのですが、日本では、むしろ、要求の現れ方が注目されていったのです。こうしたマズローの論理の影響力は看護理論においては大きいものがあります。問題は、それが介護福祉の世界へそっくり持ち込まれてきていることなのです。

⑶見ようとしなければ見えない

介護過程の端緒は「気づき」からはじまります。

もっとも、当初、観察できる内容は、ホームヘルパー（介護職）の目に入ったこと・感じたことが、順不同に羅列されたもので、ばらばらな「印象」の集合です。たとえば、「口臭がひどい」「昨日の牛乳がそのままである」「ベッドの下におむつが押し込んであった」などです。

「気づき」以外にも、本人や家族からの「訴え」や近隣の「談話」、関係職員からの「情報」など、ヘルパー（介護職）の判断材料を入手するための方法はいろいろあります（この点は後に詳細します）。そこで大切なことは、何を観察するかというヘルパー（介護職）の目的意識性なのです。その内容が試されているのです。

人間の知覚は実に選択的です。見たいものが見え、聞きたいものが聞こえてくるのです。同時に、そのことは残余のものが見えない、聞こえないこととおなじなのです。観察は実に能動的です。見ようとしなければ見えないのです。この意味で観察におけるヘルパー（介護職）の目的意識性の所在がまず試されるのです。同時に、みずからの未経験・知識不足からくる先入観やその人に対する惰性的な介護姿勢や価値基準などが試されるのです。

(4) 「気づき」という介護過程

次の詩を読んでみてください。

花

森川 京子

心も体も空っぽになったみたいだと
夫を亡くしたばかりのこの人は
祭壇の前の壁にもたれて
花に埋もれた写真を見つめていた。

レントゲンフィルムを見て
ドクターは言った。
杖で立っていられるのが不思議なくらいです。
もうリハビリの出来る状態ではありません。

その人の背骨は

あちこち細くくびれていて
首の軟骨は紙のように薄くなっていた。
こんな体で夫の世話をし続けていたのだ。

私はこの人の家に行き
話しかける言葉が見つからず
食べたままの食器をかたづけ
掃除機をかけ
床をふき
あの、今日は天気がいいですから
散歩に出かけましょうか。
それともちょっとだけお庭に出てみましょうか。
と誘ってみたけど、
湯を沸かし、シーツを取り替える。
花の水を代えてやらなければね。

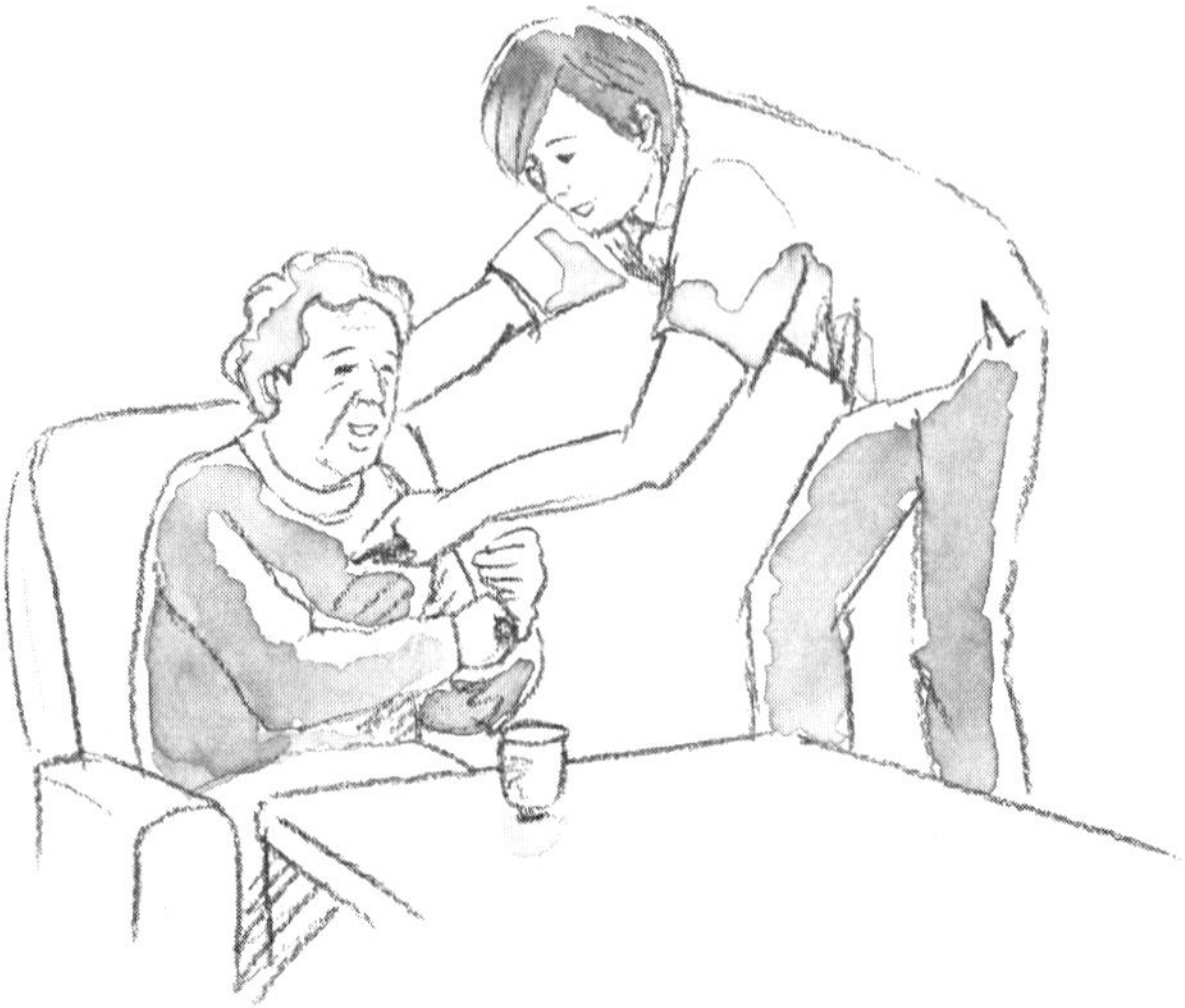

本当は水切りしてあげればいいんだけど
手がしびれていて、はさみも握れないの。
写真に向かってつぶやいている。

静かな部屋の中に
私のはさみの音と
それを一本一本さしていく
この人の息づかいだけが聞こえてくる。

お花がこんなに元気になったわ。
あなたも笑っているのね。
私ね、もう少しだけ生きていたいの。
生きていてもいいかしら。

ヘルパーは初回訪問ということで「食べたままの食器をかたづけ」「掃除機をかけ」「床をふき」「湯を沸かし、シーツを取り替える」など懸命に動きます。そして、「あのー、今日は天気がいいですから、散歩に出かけましょうか。それともちょっとだけお庭に出てみましょうか」と、いろいろ言葉をかけていきます。しかし、本人はそれに応えません。

そのうち、妻の目線が仏壇から離れないことに気づきます。花がしおれていることに気づきます。向かいあう、その人が心から大切にしていること、しかし、自力ではできないで葛藤していること、今、一番援助を求めていることに気づくのです。そして、ヘルパーがその人に取って代ってしまうことのないように、自力ではできない水切りだけを手伝いながら、一本一本、花をさしていく妻の息づかいを見守るのです。

みごとな共同作業です。なによりも、ヘルパーの援助は、要介護者に「ほっ」とした安堵感を与えるとともに、「もう少しだけ生きていたい」という生きる意欲をわきおこしています。ホームヘルパーのおこなった「花の水切り」は、単なる「代行」ではなく、要介護者が失いかけていた、生きていこうとするその意欲と、そして、生きていく喜びを取り戻すという介護過程につながっているのです。ここに、ヘルパーのおこなった実践が、単なる「代行」か、それとは本質的に異なった「介護福祉」なのかという違いが出ているのです。

ヘルパーは、その人の身体的生理的行為を介助するのではなく、障害を持ったその人の主体的・目的意識的な生活行為を介護するということを忘れてはならないのです。

「残存機能」に働きかけるという表現が良く使われますが、それは、ともすればその人の身体的能力だけを評価し、高齢者の特性である「総合的に判断し理解する能力、長年の生活史を通じて形成された生活技能から見た特性」などを見失う表現だと私は思っています。

(5)「できることまで介助する」のが問題ではなく「目的意識性を奪う」ことが問題

訪問の初期では、つい気負って、掃除、洗濯、調理など、時間一杯にあれこれと動こうとします。しかし、その間、要介護者への観察はともすればなおざりになりがちです。

要介護者はといえば、一生懸命動き回るホームヘルパーの傍《そば》でハラハラしながら、その様子を見ているわけです。思いを口にしようにも、忙しく動き回っているヘルパーを見ていると、その隙間すらないわけです。ようやくヘルパーの帰宅の時間になって、お礼の気持ちを表して見送ります。そして、玄関を閉める音を聞いて帰宅を確認し、「やれやれ」と自分を取り戻すのです。ヘルパーが時間内に懸命に動けば動くほど要介護者当人の意図と絡みあっていかないのです。ヘルパーが心地よい汗をかいても、それは一人芝居でおわっているかもしれません。ヘルパーも要介護者もお互いに慣れていない間はこうした状況が一般的です。

この場合、ヘルパーの働きかける対象は人ではなく、物に向かっているのです。

ヘルパーの仕事は代行ではありません。その人の手足になるということは、ヘルパーがいなければ成り立たなくなるということではありません。ヘルパーが懸命に代行業務をこなしていけばいくほど、そのことが、結果として、ヘルパーという他者によって代替しうる存在へと、要介護者を追いやることになったとすればどうでしょうか。

だからこそ、「その人ができることはやってもらい、できないところを助けるのです」と「自立援助論」をいわれるヘルパーも多いと思います。しかし、「できることまで介助する」ことが問題なのではなく、くり返しますが、「その人の目的意識性を奪ってしまう」ことに問題があるのです。

一つの事例を紹介したいと思います。ミニケアホーム「きみさんち」の実践です（注：林田俊弘「グループホームで追求した『ふつうのくらし』」月刊ゆたかなくらしNo.234、萌文社発行、２００１年８月、25頁参照）。

(6)介護の中に暮らしがあるのではなく、暮らしの中に介護がある

ケアホーム「きみさんち」で、１年半ほど過ぎたころ、ある要介護者がケアスタッフにこういわれました。「ここは良いとこだけど、退屈よね」。スタッフは要介護者の「好きなこと・楽しいこと」を日々、懸命に考えながら「提供」していました。「要介護者さんが、ニコニコ笑った」「喜んでくれた」。こうした実感をやりがいに実践を続けていたのですが、ふと気がつくと次の状況が蔓延しているのです。要介護者さんが「少しぼんやりした、お年寄りの置物のようになっていた」のです。「要介護者さんがおしゃべりする相手は、要介護者さん同士ではなくスタッ

フというような日々」になっていたのです。スタッフは「これでいいのか」と考えます。

そして、次のことに気づくのです。食事介護にしても何にしても、要介護者がやろうとしていること、やりたいと思っていること、それらをスタッフが先取りしてやってしまって、「介護をした」と自己満足をしていたことに気づくのです。また、企画にしても要介護者が「自分できめるというシーンがほとんどなく、ほとんどスタッフが決めていた」ことに気づくのです。

スタッフは、何か動いていないと仕事をしていないように思いがちです。しかし、特に動かなくても、隣に「空気のように存在」していて、その人が何をやろうとしているのかじっと観察しながら、「ほんのわずかなサインも見逃さず」に、その人の主体的・目的意識的な行動を側面的に援助していく、このことの大切さにあらためて気づくのです。その大切さが見失われていくのは「時間内にとにかく決められた介護をすまさなければならない」という現実、少人数のケアスタッフで時間に追われた介護をやらざるを得ないという実態も反映しています。

さて、「きみさんち」では上記の状態を変えるために食事に注目します。これまで、スタッフやボランティアがやっていた食事づくりを要介護者に返そうと考えます。「要介護者さんに暮らしを返そう」と決めたのです。食事は暮らすこと、生きることと直結しています。共同でおこなうので要介護者同士のコミュニケーションも生まれました。

要介護者自身が自分の思いで行動し、自分の思いを充足させていくなかで現れる生き生きとした表情、その表情にスタッフは働きがいを実感していったのです。

どんな些細《ささい》な日常生活行動一つひとつにおいても、人は、その人なりの思いがあって行動しています。そして、自分の思いとその結果がいかに合致しているかによって、人はやりがい感(生きがい感)を感じながら生活を積み重ねているのです。目的や方法が他律的に設定されていくということは、あらかじめ結果を想定する喜び、結果への期待が当事者から奪われるということなのです。「その日暮らし」といいましょうか、自分なりの思いや願いによって行動する喜びを奪われることなのです。

整理しますと、要介護者が、
①状況をどのように判断しているのか。
②その判断をどのような予測に結び付けているのか。
③根底に、どのような目的を抱いているのか。何を一番、心の中で大切にしているか、その仮説と照合させていく。
④不安・葛藤・焦燥・怒りなど、漠然とした自己の思いを、どのように他者に対して働きかけ、表現しているか。
⑤その見極めのうえに、はじめて、何をどのように側面的に働きかけていくか、方針を具体化する。
逆に、利用者をサービスに「適応」させるような介護は、主客転倒した介護になるのではな

いでしょうか。

(7)見直すことの大切さ

私たちは援助に入る際、必ず何らかの方針を持ちます。方針は先に立てていきます。しかし、要介護者と顔を合わせたとたん、その方針自体を見直さざるをえないことがたびたびあるのです。自分が予測していなかった要介護者の要求に、はたと気づくのです。あるいは、予測していた状態とまったく異なる状態が待ち構えていることもあります。ふだんは座位をとってテレビを観ている要介護者が、その日は便や尿の失禁で震えていることもあるのです。当然、予定時間をはるかに超えて援助しなくてはならないこともあるのです。

計画を立てるということは基本です。しかし、要介護者とまさに顔を向かいあわせて、何らかの直接的・間接的なコミュニケーションが交わされたその瞬間、心情的理解が深まったり、新たな臨床的な観察が得られたりして、目的がたえず洗い直されていくのです。向かいあう両者の相互作用を通じて目的がたえず見直されていく、この「たえず見直されていく過程」が大切なのです。

介護福祉の展開において問われているのは、与えられた目的に対する手段・方向の適合性ではなく、要介護者と介護職員双方の絶え間ない目的の探求という主体的行為なのです。

(8)「手を出しすぎず、目を離さず」ということ

他方、介護福祉労働の基礎である観察・コミュニケーション・見直しが介護保険のいわゆる市場原理によって切り捨てられてきています。その典型が、ホームヘルパーでいえば「家事援助の不適正事例」です。他者から見て「たいしたことでない」と思われても、要介護者にとっては大切にしていることがあります。ホームヘルプにおいて、よくある例を紹介しますと、仏壇の掃除、電球の取り替え、鍵の修理、クギ打ち、トイレの詰まり、窓拭き、庭の草取り、ペットの餌が切れてしまったなどです。意図して紹介したわけではないのですが、これらはすべて厚生労働省のいう「家事援助の不適正事例」なのです。

上記の要介護者要求に対する介護は一見、介護の中心的な課題に直結しないと思われるかもしれません。しかし、これらの介護こそ、要介護者がホームヘルパーの働きかけを受け入れてくれ、応答してくれるようになるために欠かすことのできない関係づくりの一端なのです。介護福祉労働は人と人とが向かいあい、働きかけ合って成り立つ労働です。その場合、こちらの働きかけが相手にしっかりと受け止められ、両者の間に一定の共感が生じなければ、その働きかけは彼方に消えていきます。

一見、取るに足りないことのように思えても、実は、要介護者にとって大切にしていることで、しかし、できないで葛藤していることへの介護は、

①障害を持ったその人の主体的・目的意識的な生活行為を介護していく第一歩なのです。
②生きる意欲を引き出す介護に直結していくのです。
③それは、要介護者とヘルパーの間に共感、応答、信頼を生み、これから先の介護過程を展開していくために欠かすことのできない実践なのです。

厚生労働省はこの点をまったく見ていません。庭の草取りを介護過程と見るか「自立」を妨げる支援と見るか、これはヘルパー自身にも問われています。ヘルパー自身が今やっている行為一つひとつを介護過程として位置付け、意義付けしていかなければ、その実践は、まさに、代行業務の積み重ねにおわってしまうのです。

目的意識性という人間の特性に焦点をあてて述べてきましたが、同様の観点で、次に、いわゆる「困った」行動を題材にして、いかに、要介護者の内面的要求に依拠しながら、見通しが持てるような方向性で働きかけるか、その実践の意義を述べていきましょう。

3.「困った」行動を内的な発達要求の現れとして理解する

人間は、未来の成果や喜びを先取りし、みずから目的をもって立ち向かえる当面の目標を設定しながら、意識的に対象を選定し働きかけていきます。

しかし、目的を達成するための手段を社会的に喪失している要介護者、あるいは、今どう動けばいいのか、何からすればいいのか判断ができない、先の見通しが持てない状態にある要介護者は、不安と葛藤に苦しむことになります。

人間は、動物一般と異なり、自分がおかれた状況に適応し、あるものを利用し、その日暮らしで生きていくということはできません。人間が、動物的適応、あるいは目的を持つことの意味すら失った「その日暮らし」の状況におかれていくと、たとえば「拒食」「暴力」「心気症状」「妄想」などのように、みずからの存在を断ち切るかたちで、私たちにSOSを発してくるのです。

さて、「困った」行動といわれる場合、要介護者の行動は、介護職員のその場の都合や感情によって、ある場面では「困った」行動とされたり、別な場面では問題にされなかったりということがあります。

介護のあり方も、要介護者の重度化や人員不足等の劣悪な労働環境の中で、外的に見えやすい「困った」行動を消去することが優先され、内的に見えにくい発達要求の探求が曖昧になりがちです。

私は今までに、前述のような一般的傾向に対し、「困った」行動を内的な発達要求の現れとして理解することを中心にした介護論を述べてきました。

以下、その見解を改めて述べていきたいと思います。

(1) 現れやすく、かつ、拭いきれない心理

障害がある要介護者に現れやすく、かつ、拭いきれない心理として、次の内容があります。

一つは、見通しが持てなくなる。精神的にもその日暮らしを強いられることです。

二つは、他人の手を借りなければ生きてゆけない苦しみやいらだち、惨めさ、情けなさがつきまとうことです。

三つは、自分が存在することの意義をたえず問い続けながら、自分が存在することの意味を絶えず問われ続けられることです。癌と闘っている女性が、私に次のような話を語ってくれました。「子どもが『お母さん、いってきまーす』と朝、出ていくとき、主人が会社に出ていくとき、その時、何もできないで、『いってらっしゃい』としか言えないむなしさがわかりますか」。

四つは、治りたい気持ちと治らない現実との葛藤、不安、そして、いらだちなどを自分はどのように解決していきたいのか、自分はどうしてほしいのか、自分はどうしようとしているのか、その表現がうまくできないことです。または、獲得した表現能力が壊れていて思いが言葉にならない、それゆえの辛さ、絶望感に悩まされることです。

問題は、それらの現れ方が否定的なかたち（暴言、自虐行為、鬱など）で現れやすいため介護職員はついつい次のような考え、実践に陥りやすいのです。

一つは、「何て、わがままな人なのだろう」「困った要介護者だ」「暴力的で恐い」など、要

介護者を無意識のうちに批判していく一方で、専門家としてどうにかしなければならないと気負う気持ちが先立つことがあります。

二つは、気負いながら、そして、要介護者の暴力的表現、精神的「異常」に身構えながら、視点は問題探しに努めることになりがちです。その際、「困った」行動の原因は、「依存性が強い」とか「適応困難」とか、個人の問題に還元されてしまうこともよくあるのです。

三つは、できないことや問題点に視点を当てた援助では、結果として、時間に追われた問題消去型の介護（＝できるだけ早く暴言、暴行などの「困った」行動をなくしていこうとする実践）に追われていくことになるでしょう。これでは、どうしても抑制や管理が先行し、結果的には仕事がますます増えていくという悪循環に陥りがちになります。

最終的に「時間内にやれることを、いわれるままにやってあげればそれでよい」という考えに落ち着いていくことになります。そして、要介護者との関係がなくなると、正直「ほっ」とした気持ちになるのです。

⑵向き合っているようで向き合っていない

たとえば、ホームヘルパーに向かって「放っておいてくれ」と暴言を吐く一方で、自分でできることまでヘルパーにやってもらおうとする、そんな要介護者と向かい合ったことはありませんか。ヘルパーはその要介護者を「わがままだ」「依存性が強い」「とりあえずやってあげて様子を見よう」などと、感じるかもしれません。

あるいは、「おはよう」と気持ちよくヘルパーが声をかけると、いきなり車椅子に座ったまま唾を吐きかけられる。「お前なんか帰ってしまえ」と罵声が飛んでくる。家に入ったら入ったで、いきなり「トイレに連れていって。靴下はかしてよ」「早くしてよ」とヘルパーを叱責する。また「起こせ」といわれて、そのとおりにすると、「何で起こした。すぐに寝かせろ」と怒られる。こんな場面に出会えば、要介護者なりの焦燥感や寂しさ、葛藤している状況はわかっていても「どうしてなの?」と思わざるをえないでしょう。

こうした場合、そっと触れながら、「少し、熱っぽいですかね?」、「そうよ、今朝から身体がだるくていけないのよ」。「よく眠れましたか?」、「近所は朝から大声で井戸端会議はやってくれるしね。こちらはうるさくて眠るどころじゃーないよ」。「ひざや腰は痛くないですか?」、「そうなんだよ、昨夜から痛みが強くなってねー」。こんな感じで気持ちの隔たりが少し縮まっていくことがあります。

①その人と感情を共有するだけではなく、伝え返していくこと。
②そのことによって要介護者は自分の思いにあらためて気づくことができるということ。
③総じて、人は相手の気持ちに気づくからこそ、相手の気持ちを求めたくなるということ。

これは基本です。

しかし、その困難さが「困った」行動といわれる所以でしょう。「ところかまわず便をする」「物を投げつけてくる、壊す」「気に入らないと外に飛び出していく」など、「わけのわからない」「困った」行動にふりまわされ、いたちごっこに終始していきやすいのです。一瞬、「できることなら、関係を切りたい」という思いに襲われることだってあるのです。向き合っているようで向き合っていないことに気づくまでには、しばらく時間を要するのです。

(3)「できない」「やらない」「つたわらない」ことに視点が向かっていく

一見、「困った」行動のように見えても、それは本人のメッセージであり、言葉であることは、介護職なら当然、頭では理解できているはずです。頭ではわかっているつもりでも、現実はそうはいきません。懸命に介護すればするほど、その人の「できない」「やらない」「つたわらない」ところばかりを見つめるようになりがちなのです。苦しみばかりを見つめるようになりがちなのです。

介護職が向かい合う人々の多くは、身体の障害も精神的障害も重いのです。そして、一見、「いつ対面しても表情に乏しく感情や要求の発露もつかみにくい」と思われる人もたくさんいます。こうした状態にある人々と対面すると、ともすればその人の「できない」「やらない」「つたわらない」という「困った」部分ばかりが目に付きやすいものです。いろいろ働きかけても反応がないので、どのように働きかけ、どう関係を結んでいけばいいのかわからなくなってしまうという実情もあります。

また、要求の現れ方も攻撃的であったり、依存的であったり、ときには退行的であったりと否定的側面が強いことも一因となっています。

しかし、攻撃的にしろ依存的にしろ、それは、その人なりの内発的な発達要求の現れでありメッセージであることは、多くの諸先輩が事例において示しています。

一見、「わけのわからない」行動に見えても、要介護者はいろいろなものに話しかけ、働きかけています。しかし、その声は聞こうとしないと聞こえなくなるのです。無意識のうちに、あきらめて、聞こうとしていないことが少なからずあるのです。

では、どのように向き合えばいいのでしょうか。

(4)相手の気持ちを求めたくなるとき

認知症の人々を介護しているとき、疲れきって何もかも投げ出そうとしたとき、思わずハッと、おのれにかえることがあります。

たとえば、周囲がどんなに抑制しても、それを振り切って畳の目をもぎとる高齢者がいました。家族は畳が破損するので困ります。それだけならいいのですが、他の認知症状も重なりあって、その家族は限界に近いところまで達していました。介護者である嫁はうつ状態になり、その夫は今の母親の状態が認められず暴力で自分の感情をぶつけてきます。逃げ切れなくなったときはアルコールに依存するのです。子どもは登校拒否を起こしています。妻は「もう限界だ、施設のお世話になろう」、そう思って、高齢者を見つめていました。そのとき、うずくまって相変わらず畳の目をもぎとっている高齢者をかたわらで見ていた娘がこういうのです。「ばあちゃん、畑の草を取っている」と。「目線を同じくする」というのはこういうことを指すのでしょう。

そのことがきっかけになって、周囲は、どのように向かいあうことが大切なのかがわかりはじめたのです。「大根がこんなに立派にできたよ、さわってみてよ、お母さん」。「ナスに今年はどのように肥料をやりますか」。答えはちぐはぐでも、懸命に高齢者に話しかけます。

当事者である高齢者は、今まで自分に向けられていた周りの怒った顔、悲しい顔、憎しみをこめた顔、困った顔が笑顔に変わっていくことを感じます。

まとめていきましょう。

①一見、「わけのわからない」行動をとっているように見えて、それは本人のメッセージであり、言葉であることを頭で理解しているだけでは限界があります。

②向き合っているようで、向き合っていないことが多いのです。見ているようで見ようとし

ていない、聞いているようで聞こうとしていない、あきらめて、見ようとしていない、聞こうとしていないことが少なからずあるのです。

③「できない」「やらない」「つたわらない」ところばかりを見つめていることが多々あるのです。

④苦しみばかり見つめるようになると介護職も笑顔を失います。それを感じて要介護者も心を閉ざしていきます。

⑤大切なことは、できるところの観察、可能性の評価、やりたいと思っている内的要求の把握、互いの特性を生かし合う集団づくり、これらをどうすすめていくかということでしょう。その基本は、

①要介護者の言動（とりわけ「困った」行動）の中に、その人の即時的な要求を見いだすことはしないことです。

②要介護者の対象的活動（いくつかの身体諸器官を能動的に機能させ外的な対象に働きかけていく活動）に注目していくことです。それは多重的な方法によって表現されてきます。たとえば、眼球の動き、手、足、そして、身体全体を使った要介護者の内なるメッセージです。それゆえに、

③要介護者の対象的活動の観察を基礎とした、介護者と要介護者との相互作用が重要です。

(5) 見通しと、それによる主体的実践

たとえば、介護職員が要介護者を理解しようとしていろいろ話しかけても、結果として要介護者が混乱し、不安、焦燥感でパニックになってしまうということを経験したことはありませんか。

要介護者は、何からどうしたらいいのか、どう動くのかが見通せないまま、あるいは、言われたことを全部受け止めて調節できないまま、葛藤しているのです。そこへ、介護職員の言葉がいわば介入してくるのです。要介護者は、要求されていることはわかるのですが、わかっていてもどうしていいかわかりません。だから不安になります。多くの場合、ささいなことに過剰に反応するようになります。衝動的な行動も目立ってきます。要介護者は「理解能力が欠けている」と評価され（レッテルを貼られ）、問題の原因は介護職員の援助のあり方ではなく、要介護者（場合によっては家族）に還元されていく場合が少なくありません。

こうした場合、一番多く見られる介護パターンは受容に徹することでしょう。そして、指示をできるだけ少なくすることでしょう。しかし、要介護者はそれで先の見通しが持てるわけではありません。

(6) 見通す力

見通しが立たないゆえに、いつ、どこで、何をするか、そのはじめとおわりなどを見るだけ

でわかりやすいように、空間や道具を配置していくなど、介護者の意図を視覚的手段で具体的に示すことは有効です。しかし、視覚的手段をとるのは単に介護職員がやってほしいことを要介護者に理解してもらいたいからだけではないのです。あくまで、本人が主体的に自分の考えで、先を見通しながら行動していくためなのです。環境を視覚的に整理して伝えていくことは、その側面的援助によって、要介護者が立ち向かう課題をみずから設定し、納得したうえで、前進していくための一つの方法なのです。

大切なことは、要介護者に見通しと、それによる主体的実践を援助していくことです。

人間は、外的な対象に対して、たえず目的意識的に働きかけることによって周りを変え、この労働過程を通じて、人間は発達してきていることを述べました。人権と発達保障を目的とする介護福祉にとって、先を読み取り、その実現に向かうことを表現する「目的意識性」は、キーワードとなるのです。

たとえば、「困った」行動の激しい要介護者の事例を検討したとき、次の仮説に気づくことが多いのです。

要介護者は、「困った」行動を、一日中起こしているわけではありません。プログラムの、ある段階において「困った」行動が激しくなり、それは、次の行動の場へ向かう時が多いのです。すなわち、次のかかわり方が見通せないときなのです。見通せないことの不安、例えば、レクリエーションの中に「入りたいけど入れない、でも入ってみたい」といった葛藤が「困った」行動として表現されてくるのです。その表現は暴言を吐く、ところかまわず物を投げる、壊す、暴力をふるうなど、否定的な場合が多いのです。しかし、みんなと同じようにやりたい、先に向かってすすみたいという要求であるかぎり、主体的であり、進歩的であると思いませんか。

大切なことは、その「困った」行動が、その人にとってどのような意味を持っているかということです。その思いを見通す力へとつなげていくこと、それが、すなわち、人間の特性である「目的意識性」への介護です。

介護が、要介護者その人の自分流の主体的な生活を問題とするなら、その原点となる「見通す力への介護」は重要であると思います。なぜなら、能動的な生活場面の選択は、見通す力によって可能となるからです。

「さあ、動きましょう」「さあ、食べましょう」と他律的に行動させられ、あるいは適応させられていくとしたら、それは、「日々の生活における目的意識性」が希薄になっていくことであり、自己の創造とその喜びがしだいに喪失していくことなのです。

(7)「入りたいけど入れない。でも入ってみたい」

もっとも、その共通理解のまえに、介護職員自身が、どのような過程を経ることによってこの観点に立てるのかを理解しておく必要があるでしょう。どちらかといえば、介護職員の思いが先に立ち、要介護者の内的要求の現れであるサインが適切にキャッチされないことが多いのです。そのための観察が意識されないことが多いのです。

例をあげましょう。

「バカタレ。お前なんか死ねー」。一人のデイサービス要介護者がケアスタッフに叫びました。当日、デイサービスでは風船バレーがおこなわれていました。その人は筋萎縮側索硬化症による下半身麻痺のため車椅子に座ってみんなの競技を見ていました。その人の様子を見ていたケアスタッフは少しでも輪の中に入ってもらい、楽しんでもらおうと、車椅子の彼を支え、風船バレーの輪の中に入れようとしました。そのとき、怒声は上がったのです。

筋萎縮側索硬化症という病気はしだいに身体の自由を奪っていきます。それゆえに、思うように動きたいという要求を人一倍その人にわきあがらせます。その人は、「入りたいけど入れない。でも入ってみたい」、そんな葛藤を抱きながら風船バレーを見ていたのです。あきらめつつも葛藤し、迷い続けていたそのときに、ケアスタッフは良かれと思ってその人を輪の中に参加させようとしたわけです。しかし、それは、先を見通し、納得したうえで、自分なりに行動していくための援助というより、介護職員の意向を先行させ、要介護者の尊厳を結果として踏みにじることになってしまったのです。

⑻できないのではなく、何をどうすればよいのかわからない

たとえば、要介護者とホームヘルパーがいっしょに調理や買い物をするなど、共同作業が可能になる場合は、次のことが実感されてきます。「いろいろ選んでいるときの要介護者の表情がすごくいい」ということにヘルパーは気づくのです。自分で自分の生活を作りながら、要求を充足していくときの喜びを見る思いです。

一般的に、「障害」と「できない」ということは同一に理解されることが多いのですが、決して、そうではありません。

①できないのではなく、何をどうすればよいのかわからないことが多いのです。意欲はあっても、どのように動けばよいのかわからない。何をどのようにやってよいのかわからないのです。

②さらに、達成することによって実感できる喜び、心地よさ、やりがいが想像できない。あるいは、過去に知覚された対象が記憶により再生されない。過去のものを再生したり、未来の喜びを予見したりできないから要求もわいてこない、主体的な選択が困難であるともいえます。

たとえば、金目鯛を見て「食べたい」と思います。この段階では、結果を予測して、その喜びを先取りしています。しかし、その魚をどのように調理して食べればいいのかがわからなければ、ただ立ち尽くすことしかできません。また、「(食べたら)おいしい」という、その喜び

を先取りし、想像することすらできないことも多いのです。

ただし、何をどうすればよいのかの手掛かりが与えられると人間は自立していくことができます。そして、他律的ではなく、みずから立てた目標によって実践し、達成したときの喜びは、次の、より高い喜びを求める主体的行動へとつながっていきます。

さらに、楽しい・心地よい体験の広がりや、昔懐かしい食感をはじめとした体験が蘇ってくることによって、貧しかったそれまでの表象はより豊かになり、喜びを先取りした豊かな要求や選択の広がりが見られるようになっていきます。

なお、何をどうすればよいのかわからないことによる、その葛藤や要求は、面接などを通じてわかるというものではありません。基礎的な生活行動(たとえば、食生活など)を日常的に共有するなかで、本人の具体的な葛藤場面に出会い、理解がすすむのです。そして、発達に向けての適切なアドバイスを得ることができ、それを伝える絶好の機会である生活場面を得ることもできるのです。また、そこから、さらに、より豊かな生活体験の共有を目的意識的に動機付けしていくことが可能になります。

ともあれ、基本は、本人の内面的要求に依拠しながら、見通しが持てるような方向性で働きかけていくのです。この点を次に事例で説明していきましょう。

⑼本人の内面的要求に依拠しながら、見通しが持てるような方向性で働きかける

Aさん（女性、76歳、脳血管障害後遺症）は「排泄感覚があり、車椅子への移動も可能である」と判断したホームヘルパーは、家族の協力を得ながら、トイレ誘導と車椅子介助による排泄の自立をめざしました。Aさんの排尿までの間隔を計り、時間がくればポータブルトイレへすかさず誘導する。「動くのは痛いから」と移乗を拒否するAさんを励まし、どうにか便座に座らせたものの尿は出ません。それどころか、あきらめてベッドに戻そうとすると、その途中にジャーともらしてしまうのです。これには家族が困りました。しかし、「年をとれば誰しもそうなる、仕方のないことだ」と寛大に接していました。

ところが、医者の往診がはじまることになり家族の事情は変わりました。いつもは気にならない床の臭い、濡れなどがたえず気になります。「家をいつもきれいにしておかないと恥ずかしいし、手抜きの介護をしているように思われて嫌だ」というわけです。相談されたヘルパーも困惑するばかりです。しかも、トイレ、トイレと騒いでいるうちに、Aさんの状態は落ち着くどころか、逆に頻繁に尿意を訴えるようになったのです。それはAさんなりのSOSだったかもしれません。そのたびに家族はあわててトイレ介助に向かいますが、多くは徒労におわります。

Aさんへの叱責も多くなり、ときには、Aさんに怒声をあげるようになりました。トイレ介助それ自体は心地よいものではありませんので、それを緊張した関係の中で続けていくと、つ

い強制が働きやすくなります。

家族の留守を受け持つヘルパーは「自立ということから見て、本人の意向を無視することは避けたい」と思います。その一方で「Aさんにとって今、トイレに向かうということはどういう意味を持つのだろうか」と考えます。

そうこうするうちに、ヘルパーは次のことに気づくのです。Aさんはデイケアへ行く二日前ぐらいから、下着の汚れや体調に非常に気を配っているのです。トイレも失敗しないように意識を傾けていることに気づくのです。そこでヘルパーは、働きかけを次のように変えていきます。

単に「トイレに行こう」というだけの催促ではなく、「デイケアに行くなら、ちゃんと身支度しないといけないでしょう。トイレに行きましょうか」「畑の野菜の様子を見にいかれたほうがよいでしょう。でも、その前にトイレに行きましょうか」というように、Aさんが気になっていること、楽しみに思っていること、やりたいと思っていることなど、生活の見通しにつなげる方向性でトイレの働きかけをおこなっていったのです。これは効果を発揮しました。

そして、排泄にかぎることなく、Aさんの主体的な動きが増していくように、ヘルパーは家族と相談しあって計画を練り直していきます。

具体的には、Aさんが楽しみに思っていること、やりたいと思っていること、Aさんが活躍しうるような生活の場を意識的につくり、そこへ、Aさんの一つ一つの日常生活行為（排泄、身体の清潔、移動、食事など）をつなげていくのです。

私たちはどういうときにどのように排泄するのでしょうか。排泄という行為は、「トイレに行きたい」という尿意にもとづく生理的行為です。しかし、同時に「デイケアに行く前にあらかじめトイレに行こう」といった生活の見通し（目的意識性）にもとづいておこなわれる人間的文化的行為でもあるのです。後者は、動物と根本的に異なる人間の特性です。その特性が奪われればどうなるのでしょうか。

その日、その瞬間の生活行動を組み立てていく、その人ならではの目的意識性と文化的行為という人間の特質から切り離されるということは、その人に動物的な生存を強いることになります。そのため、多くのホームヘルパーの実践事例に見られるように、部屋に異臭が漂おうが、不潔になろうが、そのこと自体、当事者にとっては問題ではなくなってしまうのです。

それゆえに、排泄の自立ひとつとっても、単に生理学的な諸因子だけでなく、その排泄状態を意味づける生活問題という主要因を見なくてはならないのです。同時に、食事、排泄という生理的行為を促す場合にも、その人なりの見通しにつなげたり、その人なりの生活の柱や生きがいにつなげたりしながら援助していかなければならないのです。

排泄の自立は一つの重要な指標です。しかし、それだけをものさしにして働きかけると、「できるか、できないか」がたえず問われ、過程そのものの評価がともすれば問われなくなりがちなのです。本人が、今、抱いている内面的要求を大切にするというより、排泄させること、それ自体が目的となってしまいます。

「どうして教えてくれないの」と諭《さと》したり、時には「さっきトイレに行ったばかりじゃないの」と叱咤する家族もあります。それでは、高齢者は何で怒られているのかわからぬまま怯《おび》えていくだけでしょう。自分に言われて嫌なことは、相手にも言わない。人間であるなら心理的不安から頻尿ないし漏れてしまう場合もあるし、尿意はあっても尿道括約筋のゆるみもあって、気づいた時には漏れていることもあるでしょう。または、トイレに向かう途中で漏らしてしまうことも経験するでしょう。診断も、認知症や多発性硬化症など排尿をコントロールする大脳、脊髄、末梢神経が障害されることによって起こる、いわゆる神経因性膀胱にしても、複雑で要因も多様です。頻尿、尿失禁、排尿困難などの症状は神経因性膀胱以外の病気でも見られます。また、せっかくトイレに入っても、ズボンをおろし便器に腰をおろすなど、その順番が判断できない状態になっている場合もあります。

いずれにしろ、さまざまな原因が絡み合っている中で、排泄介護はまさに尊厳という視点が試されるのです。

まとめていきましょう。

要介護者であるその人が楽しみに思っていること、やりたいと思っていること、その人が活躍しうるような生活の場を意識的につくっていき、そこへ排泄、清潔、食事などの一つひとつの日常生活行為をつなげていくのです。

本人の内面的要求、目的意識性に依拠しながら、それを一つひとつの日常生活行為につなげていくことなのです。

どんなささやかなことでも、要介護者自身が意識的に対象を選択し、働きかける生活場面（労働）を増やしていくことです。

そのことによって、要介護者の表象をより豊かにしていくことです（注：表象＝目の前に対象が存在していなくても、心的に喚起したり、未来を描いていく人間ならではの機能。このはたらきによって人間は目的意識を持つことができ、それは主体的な行動の源泉となる）。表象がより豊かになっていけば、要介護者自身が働きかけようとする対象もより広く、大きくなっていきます。生活に広がりが見えてきます。その対象がどんなに取るに足りない対象であろうと軽視してはいけません。そのささやかな積み重ねが（たとえば「寝たきり」であっても）、その人の、生きる目的・張り合いをより豊かにしていくのです。

なお、本章で述べてきた内容が、介護保険という状況の中においても、何ゆえに大切か、もうひとつの事例を紹介しておきましょう。

⑽要介護者の内面より、外的に見えやすい問題事象が問われていきやすい

介護保険下のホームヘルプ労働を象徴する次の事例です。

ホームヘルパーは「おむつ交換」を第一目的に訪問しました。訪問すると、要介護者は心地よく眠っておられます。1～2分、様子を見ましたが目覚める様子はありません。しかし、それ以上待つと、次の訪問宅には間に合わなくなります。かといって、おむつを替えないで帰ると契約違反となります。ヘルパーはどうすればよいかとしばらく迷っていました。結局、「要介護者から怒られることを覚悟」で、眠っている人を起こし、おむつを交換し、次の要介護者のお宅に向かったのです。排泄、入浴、食事などの自立は大切な目標です。しかし、

①目標が見やすいゆえに、本人がいま抱いている内面的要求というより、たとえば排泄なら、排泄させることそれ自体が目標になってしまいがちなのです。

②時間に追われるとそれだけ、外的に見えやすい、評価されやすい仕事に傾きがちになります。表面的に問題事象がなくなればいいという、いわば問題消去型の代替業務に、時間を睨みながら徹していくことになります。

③そして、やるかやらないか、できるかできないか、それがたえず問われるのです。

4. 社会的存在としての人間の生活

人間の生活、その特性を見すえた介護の視点ということで、目的意識性に注目してきました。つぎに、社会的存在という大切な特性に注目し、介護のあり方を考えていきましょう。

(1) 社会的存在感に引きつけた共感・応答

一人暮らしの68歳の女性の事例です。私が彼女と接触する契機は民生委員からの依頼でした。「空き家のようだが、どうも中に人がいるようだ。一緒に見てほしい」という依頼で訪問してみると、彼女の家は玄関も雨戸も閉ざされていて、空き家のような外観を呈していました。きしむ引き戸を開けて部屋の中に入ると、そこは真っ暗です。暗闇に慣れ、目を凝らすと、奥に彼女が薄い布団をくるまって寝ていました。すぐにはそばに行けませんでした。少しずつ声をかけながら、彼女のそばに近寄ることができました。彼女の下肢は屈曲し拘縮をきたしており、肩甲骨・仙骨部の褥瘡、浮腫が顕著でした。布団も寝間着も尿で濡れっぱなしです。硬便も混じっています。這って移動することは可能のようでしたが、一日の大半は寝たきりのままで、その日に至っているようでした。

彼女の生活歴は、島嶼《とうしょ》部から後妻として中都市へ来住されています。近隣の人々と彼女がうちとけていくための時間がないまま、夫は先立っていきました。夫の死と同時に義理の息子も東京に転出したまま帰ってこなくなりました。それでも、スーパーマーケットに勤めている間は、彼女なりに生活の張りがありました。しかし、退職と同時に外に出かける機会も少なくなり、誰かのために生きねばならないというあてもなく、訪ねてくる知人もなく、閉じこもりがちになったのです。やがて寝たきりの日々が続くようになり、髪、化粧も乱れ、たまに訪問があっても人に見られたくない、会いたくない気持ちが支配的になります。相応して地域社会とのつながりもしだいに断ち切れていきます。生きる張り合いというか、意欲を引き出すような生活条件からしだいに切り離され、無欲的な生活が続いていきます。同時に潜在化していた疾病もしだいに進行していくのです。

私たちの訪問の前に、幾度か訪問看護の試みや民生委員による福祉制度の紹介がなされていました。しかし、すでに精神機能の低下をきたし、攻撃的で、その生活において何の主体性も見出しえない彼女に対して、訪問看護師は「病状を観察し、声かけぐらいしかやらせてもらえませんでした」と語っています。民生委員も「福祉用具の利用を懸命にすすめたが、彼女は応じようとしなかった」と語るのみでした。

生き方に意味を求めていきたいという意欲はあっても、何らかの社会的障害によってその精神的な充足が得られない場合、生きがいというより、自分が存在することの意味すら見失っていくことがあります。自分がどこにいるかということも知らなくていい、生きるというよりも生きながらえていると言ったほうがいいかもしれません。しかし、そのような状態にあっても、人は絶えず自分というものの社会的存在を追いかけていることを忘れてはなりません。

(2)自分の話を聞いてくれる、自分のことを認めてくれる

次のような訪問時の様子をイメージしてください。狭い戸口を入ると、足の踏み場も無いくらい散らかっている。六畳と四畳半の部屋の角に高齢の男性が横たわっている。髭も爪も伸び放題で、着物の前もはだけたまま、じっとヘルパーを見つめている。ふと気づくと中年の女性がこちらを見て立っている。挨拶をしても黙ってこちらを見ている。台所を見るともう何日も料理をした様子がない。ゴミ箱にはインスタント食品の残滓が山のように詰まっている。ヘルパーが「何を作りましょうか」と問いかけても何の応答もない。

民生委員が気を配ってヘルパー派遣となりましたが、家族にとってヘルパーは何を目的に何をしようとしているのかわかりません。不信感もあります。だから、黙って様子を見ているのです。要介護者にとって、家族以外の人間関係は日々ほとんどありませんでした。自分を否定する人はあっても認めてくれる人もほとんどいなかったのです。そこへ家族以外のヘルパーと

いう女性が加わったのです。おいしいご飯も久しぶりに食べられました。家に人間的な温かさが漂うようになりました。なによりも「(ヘルパーは) 自分の話を頷きながら聞いてくれる、自分のことをわかってくれる」、そうした喜びが日々増してくるのです。

やがて、「本当の自分はこうではないのだ。そのことをヘルパーにわかってほしい」という思いが、自ら髭をそる、爪を切る、服を着替えるという行為に現れてきます。さらに、「今日は、鯖が安かったから買ってきた」「自転車屋の親父が俺に挨拶してくれた」とか、外であったことをヘルパーに語ってくれるようになります。「自分はこんな事もできる。自分を認めてくれる人に、もっと本当の自分を知ってほしい」という思いが、やがて「自分でやっている喜び」へと変わっていくのです。

さて、その人らしい生活を取り戻していく、あるいは、自発性が生まれてくるために求められる介護とは何でしょうか。

例えば、要介護者自身が自己を意識すること、あるいは「本当の自分を知ってほしい」と他者を意識すること、その過程において、まずどのような関係づくりが必要でしょうか。前述の事例で言えば、「自分の話を頷きながら聞いてくれる」「自分のことをわかってくれる」「かけがえのない存在として自分が認められている」そうした喜びを醸成していく共感・応答という関係づくりでした。換言すれば、人間の特性であり、それゆえに生きていることの証でもある自己の社会的存在感を、要介護者自身が確証していくことです。そこから、自分への自信と自発性が育まれていくのです。

「訪問している要介護者が化粧をするようになった。玄関を掃除するようになった。その時が来ると私の役割は終わったと思う。なぜならその要介護者は人に自分の顔を見せようとしているから」と語られたヘルパーがいました。できること、やりたいことが広がってくる。他者への働きかけが顕著に見られるようになる。周囲の状況を判断しながら、他者に働きかけ、自由とさらなる発達を追求しようとする。その自発性の芽生えを大切にし、伸ばしていくことを大切にしたいと思います。

(3)生活の広がり・はりあい

次に、特別養護老人ホームにおける事例を紹介しましょう（注：福島廣子「〝布団集め〟をする認知症性老人へのかかわり」『事例集 高齢者のケア３』中央法規、１９９６年、95～102頁参照）。

Ｓさん（76歳、女性）は二男一女の子どもがいます。当初、長女家族と同居していましたが、夫の死後、長男と同居することになります。しかし、折り合いが悪く、やがて、次男との同居がはじまりますが、そのころから脳血管性の認知症症状が著しくなり、警察の保護を受けたり、火の不始末などで問題が続発したりし、結果として病院へ入院となります。

しかし、五か月後には老人保健施設へ入所し、やがて、特別養護老人ホームに移ります。約一年の間に自宅→病院→老人保健施設→特別養護老人ホームと著しい環境の変化をたどることになり、Sさんの認知症も徐々に進行していったのです。

施設入所した当日、Sさんは自分が現在いる場所がどこであるのか理解できませんでした。「ここはどこ?」といいながら懸命に出口をさがしていたそうです。そしてすぐさま、徘徊と夜間不眠が現れると同時に、「布団集め」という行動が昼夜続くようになったのです。Sさんは、特に夜間になると、居室で眠っているほかの人の布団を剥ぎ取り、「自分の物だ」といいながら布団を集めて歩くのです。ときおり攻撃的になり、「布団を返せ」といいながら眠っている人をベッドから引きずりおろすこともありました。当然、Sさんへの苦情が殺到します。

対応策として、施設のケアスタッフはSさんの居室変更を試みます。しかし、Sさんの布団集めはその後も絶え間なく続いていきます。さらに、徘徊と帰宅願望はますます顕著となり、「お父さんの声がしたのよ」といって玄関を探しまわったり、次男の名前を大声で呼んだり、荷物をまとめて帰り支度をはじめたりするなどが続いていきます。

いわゆる不安、夜間不穏、妄想、徘徊、収集癖など、「困った」行動が全体的に現れています。結果としてケアスタッフはSさんの施設不適応を問題とするのです。

以上が事例の概要ですが、読者のあなたは問題をどのように解決していきますか。

現実の実践では、「今いるところが自分の家であることを少しでも身体で感じてもらうこと」を目標とします。そのために次のような実践をおこないます。

①「次男に時々施設に泊まってもらう」

②「Sさんの昼夜の生活リズムを調整する」。「行動を抑制せず、傾聴しながら心の落ち着きを図る」。「おしぼりをたたむ等、手伝ってもらいながら、Sさんの話を聞く」

③「Sさんに日常生活の中で役割を持ってもらう」。具体的には、配膳、下膳、掃除、洗濯などを介護者と共にやってもらう。

④「Sさんになじみの友だち関係を作る」

しかし、Sさんの「困った」行動は依然としてなくなりません。

⑤そこで、ケアスタッフは「布団集め」というSさんの行為を抑制するのではなく、逆に、Sさんに貸布団屋（すべての布団の持ち主・責任者）という架空の役割を担わせることにします。

Sさんが働きかけようとしている対象に注目しながら、Sさんの持っている家事能力がより日常的に発揮しうる生活の場を創造していくのです。

同時に「話を聞いて受け止める」だけでなく、「自分がやらないと誰もやってくれない」という主体的な意識をSさんに働きかけるのです。

Sさんは布団介助だけでなく、さらに、食事介助まで積極的に関わるようになります。「早く食べなきゃだめよ」と周囲の高齢者に話しかけるのです。かつて、自分がやらなければ誰もやってくれない、そう思って意識的にやってきた家事という、そのやりがい、生きがいがSさんの中に蘇っていくのです。

さらに、外泊という方法ではなく、逆に、次男に施設に泊まってもらっています。そのことによって、「今いるところが自分の家であることを少しでも身体で感じてもらう」という意図からです。それは、貸布団屋という効果と相乗して、「自分の息子が帰ってきた」「久しぶりにくるのでおいしいものをつくってやりたい」という日々の生きがい、やりがいをSさんに蘇らせていくのです。

(4) 誰にとって何が問題なのか

さて、いわゆる「困った」行動を考える場合、誰にとって、何が問題なのかを考えなければなりません。「他人に迷惑になるから」「危ないから」「世間が認めてくれないから」などの「不適応さ」だけに視点がいくと、たとえば「布団集め」という「困った」行動をいかに少なくさせていくかということに視点が集中していきます。あるいは「布団」以外の物に関心を向けていくように働きかけがちです。結局は、「布団集め」という行動だけを問題にしていくようになります。そのため、Ｓさんがどういう意図でそうした行為をとるのかを探求していくことが曖昧になっていくのです。

たとえば、「何かみんなの役に立つことで、その人の力が発揮できる役割を与えて、落ち着かせればいい」といった技法論があります。しかし、それだけでは、その人の内面的要求に応えることになりません。

さらに、当事者がかかえている問題は、その人だけの個別的な問題というより、全体に共通した問題です。その問題が集中的に現れているのが「困った」行動の当事者なのです。

介護の基本は、その人の持っている力、可能性を多面的に生かしていくことにあるのですが、それは個別援助、個別的な保障として提供されるものではありません。たとえば野菜づくりに関心を持っている認知症のお年寄りに、「生きがいを持つだろう」ということで野菜畑の作業を役割づけしていくように、個人的作業形態でおわらせてはいけないと思います。

みんなとは逸脱した行動を個別対策で解消していこうとすると間違ってしまいます。逸脱しているように見えて、その行動の背景となる要求は実は、みんなと共通した要求であること、その実感を当事者も含めてみんなで実感することが大切なのです。そのためには、その実感をみんなが得られる集団的実践の場を意図的に創造していくことが大切なのです。そして、その集団的実践の場に「困った」行動というかたちでしか表現しえなかった「その人の能力」を生かしてゆくことが大切なのです。

第一に、「困った」行動というかたちでしか能力、意欲が発揮しえない現状、あるいは、要介護者の葛藤を直視しましょう。

第二に、自分では押さえ切れないくらい発揮したい「その人の能力」、しかし、発揮の仕方が現実とかみ合わない「その人の能力」、その能力をいかに集団的実践の中にとりこみ、仲間との関係の中でいかに生かしていくか、その具体化を図るのです。事例でいえば、布団を〝どる〟という直線的な行動でしか自分の力を発揮できなかったSさんが、布団を〝管理する〟ということに自分の能力を振り向けていくようになります。その伏線を介護職員は創っています。

そのうえで第三に、まるで他人を意識していないかのように見えたSさんが、他人とのかかわりの中で能力を生かす喜びを獲得していき、人と関わる喜びを実感していったように、「自分の関心や能力が仲間との関わりにおいて生かされる」という喜びを要介護者に保障していくことが大切だと思います。そのことによって、人と関わる喜びを要介護者が実感していくことが大切だと思います。

「困った」行動というかたちでしか発揮しえなかった能力が生かされ、みんなに働きかけていく喜びが実感できるようになれば、その人には、自分を認めることによる心の落ち着き、安定感、明るさが生まれてきます。さらに、「自分がやらないといけない」という自覚、「自分をさらに生かしたい」という生活意欲が醸成されていきます。これまで「制限」されてきた行動が、人間的に「自由」な行動へと転化していきます。

まとめていうならば、集団構成員一人ひとりの持っている能力、培ってきた生活技能が生かせる、その人らしさが発揮できる生活場面づくり、それを創造しあう集団づくりをめざしていきたいものです。問題視されていた要介護者も変わったが、周りも変わった。なによりも職員が変わった、そんな関係づくりをめざしていきたいのです。

こんな集団づくりをめざしたい

①出番を待つ楽しみがある。

同時に、その機会が特定の人ではなく平等にある。

そうした関係にある。

②一人ひとりが他者とは置き換えのきかない、かけがえがない存在である。

そうした関係にある。

③自分の話を聞いてくれる人がいる。

互いに良さを評価しあう仲間がいる。

そうした関係にある。

④自分らしくいて、それが認められる。

「美しい老後」でなくてよい。
そうした関係にある。
⑤心身の障害状況、貧富、社会的地位、学力で判断されない。
そうした関係にある。
⑥失敗が許される。
そうした関係にある。
⑦自分が好きになれる。
そうした関係にある。
⑧「見通しがきく」場であるということ。

(5)自己の存在が相手に何かを与えることを知れば人は変わる

Dさん（女性）は70歳を迎えた年、多発性脳梗塞のため入院しました。やがて、老人保健施設へ入所します。その後は、ほぼ寝たきりの状態でした。言語障害があり発語が聞き取りにくいのですが、コミュニケーションは可能です。歩行も屋内の伝い歩きが可能ですし、排泄もほぼ自立しています。嚥下には時間を要するが食事も自立しています。しかし、「寝たきり」でした。いわば、無意欲的な状況にあるDさんでしたが、そのDさんが周囲のケアスタッフが驚くような自主的な動きを見せるようになったのです。うまくはできなくても、自力で何かをしようとする動作を見せるのです。周りの人々への意思表示もはっきりしてきました。心身の経過の良好さに主治医も驚くほどでした。

担当のケアワーカーから、「なぜか?」と問われ、Dさんはこう答えたそうです。「Yさん（介護職員）が、私のところにやってきてくれました。そして、ひざまずきながら、わが子の教育相談をもちかけてきてくれたのです。私は驚きました。ただ聞くだけでした。しかし、いつしか私は自分の思いを彼女に必死に話していたのです。一人の母親として私は彼女と心ゆくまで話し合いました。うれしかったです。こんな私でもまだまだ役に立てることがあるのだと思いました」。

そして、その日からDさんは自分がどこまで動けるのか試してみたくなったそうです。気持ちの変化は自分でも驚くほどだったようです。やがて、Dさんはさまざまな人々と関わっていくようになります。とりわけ「肩寄せ会」（どんな身体レベルの要介護者もみんなで肩を寄せあって語り合う会）を通じて多くの仲間を得ることができるようになります。そこで彼女は、「みんな自分とおなじ気持ちを抱きながら生き抜いてきている」ことを知るのです。そして、自分をわかってくれ、願いをわかち合える仲間がいることが、実にかけがえのないすばらしいものであるか、その喜びを日々かみしめていくのです。

さて、介護の専門家として「要介護者に何かを援助しなければならない」とつい気負いがちになるものです。しかし、専門職であるまえに一人の生活者として要介護者と向かい合い、相手の生き方や感じ方を互いに学び合いながら、喜びをわかち合うことが、実は、要介護者個人の可能性を引き出すことにつながるということを、上記の事例は教えてくれます。

人間は社会性という特性を持っていますが、それを端的に言い換えますと、次のように表現できるでしょう。

「自己の存在が相手に何かを与えるということを知れば人は変わる」

(6)かけがえのない時間、「居がい」のある空間

一日の大部分が寝たきりであった高齢（81歳）の女性、Iさんがいました。寝たきりになった契機は大腿骨骨折です。人工骨頭の術後、歩行訓練の段階に入ったのですが、退院後、長女の家で同居するようになり、それ以降はしだいにベッド上での生活が多くなりました。近所は見知らぬ人ばかりで、娘も勤めから疲れて帰ってきます。あまり人と話すということはありません。

そこへ、遠方（大阪）で働いていた孫が帰ってきました。孫は帰宅すると真っ先にIさんのところにやってきて、こう話しました。「ばあちゃん、僕は結婚しようと思っている。時期は

秋だが、ばあちゃんに僕の結婚式にぜひ出てほしい」「寝たままでいい、寝間着姿でいい、結婚式にぜひ出てくれ」。それをあとから聞いた両親は遠まわしに反対します。とりわけ親族はその気持ちを変えるように孫を説得します。しかし、周囲の反対意見にもかかわらず孫は祖母を説得し続けるのです。大阪から何度も帰宅し、そのたびに祖母の枕元に向かい説得しようとするのです。

さて、孫の熱心な依頼を感謝しながらも、受け流していたIさんでしたが、やがて、一日のうち何度も起き上がり自分の髪に櫛をとおすようになります。さらに、這ってでも自力でトイレに行こうとする動きが少しずつ出てきたのです。

そして、一日中ベッドで過ごしていたIさんは、結婚式が近づくころには、座位がとれるようになり、車椅子で周りを散歩するようになります。

こうして、「他の誰でもない、あなたでないといけない」という孫の声かけは、Iさんの心を動かし、「生」から「生活行動」へと向かう原動力となったのです。

なお、車椅子を使ってですが、Iさんが孫の結婚式に参列できたことはいうまでもありません。

介護というのは、今日一日がどのようであるかが問われます。その人にとって、いかに生きがいのある一日であったか、そして、今日やっておかなければならないことをなしえることができた一日であったか、それが問われるのです。

それゆえに、その人の生きがいが一つでも多く実現できるような介護ができたならば、介護職としてそれ以上の喜びはないでしょう。それはまた、介護職自身も一日一日を大切に、充実した日々になるよう研讃することでもあるのです。

先に紹介した事例は、次の大切さを教えてくれる事例であると思います

一つは、高齢者にとって二度と取り戻すことのできない貴重な生活時間を、みずからを必要としている人間関係の中で埋められることの大切さです。

二つは、自分と同じ思いを共有・共感してくれる、自分を評価してくれる、そうした人間関係の中におかれていくことの大切さです。

三つは、そうした生活空間、生活時間を選びとることができることの大切さです。

ここで、V・E・フランクルの著書『夜と霧』（霜山徳爾訳、みすず書房、1961年 182頁）の一文を紹介しておきましょう。

彼は、ナチス・ドイツの強制収容所アウシュビッツに収容され、生きること、生きる目的、希望を奪われ絶望の淵に立たされた人々を観察し、みずからも絶望体験していくなかで次のように述べています。

「何の生活目標ももはや眼前に見ず、何の生活内容も持たず、その生活において何の目的も認められない人は哀れである。彼の存在の意味は彼から消えてしまう」。

(7)希望ということ

高齢者の枕元で、孫が、学校で書いた作文を読み上げました。

「ばあちゃんは、私をよく、あんたは世界中で一番素晴らしい子だ、あんたは本当にいい子だよ、といつも言ってくれていた。私がどんなに悪いことをしていても、ばあちゃんは、優しく笑って私をつつんでくれた。そして、ばあちゃんが、子どものころの話やお父さんが子どもの頃の話をよく私にしてくれた。春の七草もばあちゃんとの散歩で教えてくれたし、隣家の韓国のお年寄りが血を吐いて倒れた時も、ばあちゃんは真っ先に走っていった。みんなが嫌がっていた床の血も、懸命に拭いていていた。ばあちゃんはけっして、人の悪口は言わないし、困ったことも人に言わない。だから、周りの人は穏やかな人だと思っていたようだけど、本当はがまん強い、ほんとに優しい人だと思う。私は、大きくなったらばあちゃんのような人間になりたい」

作文を読みあげる孫の顔を見つめるお年寄りの表情は、まるで仏のようです。「まだ私は必要とされている、やれることがある」そうお年寄りは実感されたそうです。

例えば、認知症になると言葉を失う、自分の思いを言葉に出せなくなるとよく言われます。確かにその点は否めないでしょう。しかし、「これまで、百戦錬磨で生きてこられたのですね」と話しかけると、多くのお年寄りは大きく目を開いて生きいきと自分を語り始められます。

整理しましょう。

①「あの人は、自分を受け入れてくれる。自分を認めてくれている」という実感―（共感）。
②「何を自分はやり遂げたかを、言葉で伝えてくれた」という実感―（達成感）。
③「自分はここにいてもよい」という実感―（存在感）。
この三つの実感を大切にしていくなかで、
④張りつめていた不安も和らぎ―（安心感）。
やがては、
⑤絶えず他者と自分を比べ、外を意識していた高齢者の目が自分の中にいく。自分が自分を認めてやれるようになる―（自己肯定感）。

こうして、童話の「北風と太陽」になぞらえると、ヘルパーだからと気負わなくても、高齢者は、気持ち良さのなかで自然とみずからやろうとする動きが出てきます。自分本来の力が自然と出てきませんか。これも、今の介護保険制度では困難でしょうか。

5. 生活史という視点

次は生活史という視点です。生活は連続性を持っています。それゆえに、①健康だった頃、その人はどのような生活を過ごされていたのか、その人がその人らしく輝くのはどのような時なのかを見極めながら、②生きがいにあふれたその人の生活ないし、人と人とのつながりを疑似的に今の生活の場に再生し、③その人ならではの人間的文化的要求にこたえる生活援助を実践していくことが大切です。

(1) 要介護者と共に生活の場を共有する意義

介護過程は、向かい合うその人が、どのような「困った」行動をとろうと、どのような生活後退の状態であろうと、そこに人間ならではの特性がどのように発揮されているかを見極めようとする観察から始まるのです。生活史のアセスメントもこの点は同様です。

生活史を探求することによって、その人が今まで大切にしてきた生活行動、生活文化、人間関係をどのように喪失しておられるのか、そこでどのように葛藤しておられるのか、あるいは、どのような生活技能を持っておられるのかなどを見極めていくことは、介護過程において重要な意義を持っています。

元気だった頃は、いつ頃、何を、どのように食事をされていたのか、生活史を辿ってみましょう。

例えば、高齢者夫婦世帯のKさんの食事時間は、7時と12時と5時です。食事介助後、妻は台所にて一人で手短に食事を切り上げ後片付けをします。以前は、どのような時間に、どのような物を、どのくらい食べておられたのか。ヘルパーは妻から話を聞き、できるだけ以前の家族の食卓を取り戻そうとしました。まず、習慣であった朝のみそ汁を、当時と同じ時間に妻と二人で食べることにしました。そのための食卓の場をベッド脇でありますが、妻とともにつくります。さらに、Kさんにとって唯一の趣味は晩酌であったことを知ります。お酒の量は、猪口一、二杯の量ですが、とっくりに入れて肴と共にベッドに出してみました。誤嚥の危険性があるので、肴は増粘剤を使い少しとろみをつけます。なによりの楽しみであった晩酌セットが目の前にある。いつもは寝たままのKさんが大きく目を見開き銚子を眺める。そして、勢いよく起きあがり猪口を手にするのです。その日以降、ささやかな晩酌と共にKさんの食欲は妻が驚くぐらいに進んでいくのです。

ヘルパーという職の特性は、要介護者と共に生活の場を共有することができることです。その良さを生かそうとしたら、その人はどのような生活をされていたのか、毎日、いつ誰とどのようなものを食べておられたのか、生活の流れを具体的に知ることが大切です。単に食習慣や嗜好を観察するということではなく、生活の流れを知り、それがどこでどのようにつまずいているかを観察し、訪問時間の観察項目の中身をスタッフ間で共有していくことが大切なのです。

(2) 一日の中で、高齢者が大切にしている行為を見きわめる

私の友人であるヘルパーのFさんは、こんな話をしてくれました。訪問するとお年寄りが呆

然としておられる。話しかけても反応がない。そのうち、いつもあるポットにお湯がないということに気づかれたそうです。その高齢者は朝、必ず、亡くなった妻の仏壇にお茶をささげることから一日が始まるのです。その朝も、亡き妻のためにお茶をささげようと思われました。しかし、ポットのお湯はなくなっていたのです。高齢者は、次の行為がとれぬまま、Fさんが訪問してくるまで呆然としていたわけです。Fさんはヘルパーとして「要介護者の今の生活の流れをきちんと理解しておくことがいかに大切か」ということを語っていました。

認知症の高齢者の多くは、毎日同じような行為をくり返すことで安定感を感じている場合があります。

仏壇に始まって仏壇で終わるという他者から見れば単純な一日も、一つひとつの生活行為が高齢者にとっては意味を持っているのです。その行為がある時ぷつりと断ち切られ、頭が真っ白になる。こうしたことは、とりわけ一人暮らしの高齢者にとって重大です。それゆえに、高齢者が起床してから就寝するまで、日々くり返されている一日の生活の流れを大まかに知り、その上で、一日の中で高齢者が大切にしている生活行為を見極め、つまずきの原因を探求していくことが大切なのです。

そのためには、今の高齢者の生活文化（仏壇にむかうこともその一つ）を知らねばなりません。もちろん、便は心地よく排泄できたか、食事はいつもの時間になさっているかなど、日常的な生活行動の継続性を確認していくことは言うまでもありません。

要は、一日の生活の流れにおいて、どこでつまずき、それに対処できないまま時間がどこで止まっているのか、その見極めにあるのです。

(3) 生活を大切にするということ

高齢者二人暮らしの世帯です。妻は要介護度2で認知症が進んできています。ケアマネジャーは夫の介護の大変さを和らげるため、週2回のデイサービスと配食弁当をケアプランに取り入れました。夫は、妻がデイサービスに行く際には当初は見送っていましたが、しだいに送迎時に顔を背けるようになり、やがて見送らなくなってしまいました。妻もデイサービスから帰るとすっかり疲れてしまい、落ち着きがありません。確かに、ご主人の介護の時間は減ったかもしれません。しかし夫婦のこれまでの生活はどう変わったでしょうか。

ヘルパーは、夫が精を出して育てた野菜を材料にして調理し、食卓に出そうと考えました。妻は料理ができないが味付けはできるのです。味覚は年をとっても衰えにくいものです。配食弁当を食べていた夫にとって、その味付けは懐かしく、何よりも自分がつくった野菜が生かされ喜ばれることにやりがいを感じます。妻は自分たちが育てた畑で、まだこんなにうまい野菜ができている喜びを味わうのです。「おいしい」「さすがに、お父さんがつくっただけのことはある」と言って食べてくれる妻の横顔を見て、夫は気持ちが安らぐのです。夫婦二人でこうした気持ちを分かち合いながら食事を共にします。そこに、これまで通りの生活が続けられる喜びがあるのです。デイサービスや配食サービスを否定しているのではありません。介護においてこれまで通りの生活を大切にすることの意味と、それを可能にするヘルパーの観察の意義を述べたかったのです。

新潟県・穂波の里のヘルパーさんが次のような話をしてくれました。2時間の訪問時間中、十数回も「印鑑あげましたっけ」と尋ねられる高齢者がいらっしゃったそうです。ホームヘルパーは訪問時、要介護者から認印をもらわなくてはいけないのですが、その点を何回も尋ねられるのです。さらに、「ヘルパーさん、何時まででしたっけー」「どのくらい、おむつを替えるのに時間がかかりましたっけー」と聞かれるのです。ヘルパーとしては、何か詮索されるようで気持ちの良いものではありません。記憶障害というレッテルも貼りたくなります。

しかし、その高齢者がかつて何百人という人と面接し判を押し、その人たちの時間を管理していたこと、そして、働いている人が少しでも損のないように記録に努めていたことに責任と誇りを感じていたことがわかってきます。ヘルパーはそういうことなら「何回も私に聞いてくださいよ」という思いになってきます。高齢者が「自分がやらなければいけない」と、そう思ってやってきた年月の間に形成されてきた一つの職能が、精神的にしろ生活の柱として今もその人に生きていることを、ヘルパーはわかったからです。その人が輝いていた一つの生活場面が心の中で生きていくとしたなら、「何度でも聞いてください」という気持ちになるのです。

一般的に、こうした高齢者は記憶障害としてアセスメントされがちです。

しかし、そうしたアセスメントでは、対策は講じられても問題解消へと具体的につながっていかないのではないでしょうか。

(4) 生活史において、その人が輝くところ、最もその人らしいところ、その時代と今を重ね合わせて、その人をアセスメントする

例えば、ベッドの上で座り、包布(掛け布団のカバー)のひもを一生懸命結んでおられる埼玉さん。その懸命さに圧倒されて声かけがしにくいほどですが、それを「失行」とアセスメントしても、そこからは何も出てきません。しかし、彼女の生活歴を知ることによって、「埼玉さんは、とても、裁縫がお上手だった。あれは単なる包布いじりではなく、手が覚えていた裁縫の意味であった」と理解されてくると話は違ってきます。あるいは、「言葉をすでに失っておられる」と思われている福井さんは、たえずつぶやいておられる。しかし、注意して聞くとリズミカルなのです。そのつぶやきが何なのか、当初はわからなかったとしても、生活史をたどることによって、福井さんがバスガイドを長い間やってきて、歌がとても好きだったことがわかります。

やがて「歌を歌っておられるのだ」ということがわかります。それ以来、「福井さんのつぶやきに合わせて一緒に歌を口ずさんでいく」という方針が提案されます。

仙台さんは、認知症中期の症状ともいえる幻覚や妄想もあり徘徊も多々あります。しかし、お店のレジ台の前に立つと、正確にレジを打ち、おつりも間違えません。初対面の人は、誰も彼女が認知症だとは思わないでしょう。

一人暮らしの長野さんは、早春になると落ち着きがなくなります。放っておくと籠を背負って山に入ろうとします。近所の人々はとても心配して行かないように止めに入りますが、ヘルパーは一度様子を見てみようと後を追いかけました。これまで長野さんの沈んだ表情しか接したことのなかったヘルパーは、生きいきと野蕗《のぶき》を採っている彼女を見るのです。長野さんにとって、野蕗を採りに山に出かけ、集めて農協に売ることは、かけがえのない生活の楽しみの一つだったのです。

要は、生活史において、その人が輝くところ、最もその人らしいところ、その時代と今を重ね合わせて、その人をアセスメントすることが大切であるということなのです。

もっといえば、現在、抱《いだ》いておられる生活場面は、その人のどの時代なのか、その時の生活はどうであったのかを知ることが大切です。家族や友人や地域の人々から話を聞くとよくわかってきます。その人は朝起きて、まず何をされていただろうか。それから、服装はどのようなものを好んで着られていたか。朝の洗顔、整髪のこだわり、今日の仕事の段取りをどのようにされていたのか。仕事は何をどのようにやられていただろうか。その人の仕事ぶり、その人の仕事において他者から評価されていた内容、仕事を介した仲間、人間関係、仕事が終わって家に帰ってどのように過ごされていたか。風呂はどのように入られていたか、お酒は、好きな食事は、家族の中でどのような役割をもっていたのか。総じて、生活史においてその人が輝くところ、最もその人らしいところを、その時代と今を重ね合わせてアセスメントすると、一見わからない行動が何なのか見えてくるものです。どういう生活場面に誘導してあげれば笑顔が見えてくるのか、少しずつ見えてくるものです。

要介護者の生活経験を今の生活に主体的に意味づけるために生活史を探求する意義を述べましたが、この点を補足する意味で、私の介護研究の原点となった一つの事例を紹介します。

(5) 生きることから生きていくことへ

事例は、脳血管障害による四肢麻痺で「寝たきり」になられた50歳代の女性・Kさんの家庭に（発病後６年目に）派遣されたホームヘルパーの実践です（注：西山眞沙子・田中由紀子著「十年間寝たきりの患者が主婦の座を取り戻すための援助」『在宅介護福祉論』誠信書房、１９９４年、174頁参照）。

ヘルパーがこの家庭を訪れたとき、家族はどのような状況であったのでしょうか。夫は、「妻は頭がだめだから、何をやっても意味はない」という理解でした。高校生と中学生になっている子どもたちも、「寝たきり」の母親といっしょに食事をする機会もありません。Kさんご本人は、「夫の考案したトイレ付きベッドのコーナーで、日中は一人で」生活しています。

ヘルパーは、「思考はしっかりとし、言葉もほとんど通じるのに、無気力である」ことに気づきます。「自分は家族の荷物になっていると考えて」いるようです。「家族は、最低限のことはやってくれるが、精神的には温かな交流は少ないようでした」。週二回の訪問ですが、ヘルパーは「なんとか、楽しみを持ってほしい」と考えます。Kさんに「何かしたいことはないかと」と尋ねますが、答えは返ってきません。

さて、こうした場合、夫の依頼を受けたかたちで「調理・洗濯・清掃などの家事代替に従事するのがヘルパーの仕事」というのが一般的理解でしょう。しかし、それはきわめて誤った家事援助への理解なのです。

事例を見ていきましょう。ヘルパーはまず、次のような目標を立てます。「生きている喜びを取り戻してあげたい」「訓練よりも、もっと大事なことがある」というのがヘルパーの考えでした。そしてその目標を具体化する段階で、「家族に対する主婦の立場」を表現することにつながる「食事」に注目するのです。何の楽しみも持つことができず、趣味もこれといってなく、そのような欲求も表さないKさんに、まず、食事の喜びを取り戻してもらおうということで、「全介助により」「具だくさんの野菜スープ。濃厚な味のレモンミルクなどを適温にて」味わってもらいます。

さらに、Kさんの思考、視野が内にこもりがちであることを察して、天気の良い日には車椅子を庭に持ちだし、外の空気の中で食事をとることも試みます。「ベッドで寝ているのが一番心地よいのです」と言っていたKさんでしたが、やがて、時間一杯まで庭にいるようになります。

ある日、庭に出ていたKさんは、保育園児が裸で散歩しているのを目撃します。Kさんは驚き、自分が子育てをしていたころと内容が変わっていることに気づきます。さらに、長女が初潮を迎える時期が近づいてくると、「自分の商品知識が、今や、まったく違っている」ことに気づきます。ヘルパーは薬局にいき事情を説明し、数点の商品を借りてKさんに説明するのです。

そして、ヘルパーは次の目標を立てます。それは、「たとえ身体は動かないままでも、この家の主婦の座をKさんに取り戻させよう」という目標です。「そのことが、この家族全体をも変えることになるにちがいない」と考えたのです。

(6)当事者から家族に働きかけるための援助

この目標に向かって、食事を手がかりにしたヘルパーの実践は次のように展開します。それまでは夫に、「何でも適当に」と頼まれて作っていた夕食の調理方法をやめて、妻のKさん自身が夫に食べたいものを聞いて献立を立てる方法へと変えていくのです。そのための実践へと転換していくのです。本人に直接働きかける援助から、本人から家族に働きかけるための援助へと転換していくのです。

とかく、「本人に聞いても答えが返ってこない」ということで、家族の中でも強い立場にあり、依頼者でもある夫の意向に従いがちなのですが、この事例では、ヘルパーは当初から要介護者本人としっかり向かい合い、要介護者の意向に沿って動いています。そのうえで、本人から家族に働きかけるための援助を実践していくのです。

もう何年も調理などしたことがない妻から「何を食べたいですか」と聞かれた夫は戸惑いながら、何と答えたでしょうか。答えは、いつも赤提灯で食べている「切り干し大根の煮付け、ひじきと油揚げの煮物、肉じゃが」などの「おふくろの味」でした。

注文を聞いたヘルパーは車椅子を押してKさんを台所に連れていきます。依頼があれば冷蔵庫や戸棚を点検してもらいます。さらに、図書館から調理の本を借りてKさんに渡します。やがて、Kさんの要求は、「削り節を買ってください」とか、「片栗粉を買ってきてください」というふうに、より具体的になります。ヘルパーは、たとえば「この胡瓜を刻んでください」といわれれば、そのように刻み、鍋を火にかけた後も「今、里芋を入れてください」といわれてからでなければ芋を入れることもしません。「魚もそのくらいで裏返して」といわれてからそうするというように、「妻の手足」になって動くことで、Kさんが「主婦としての役割」を取り戻していけるように援助し続けます。

(7) 主婦として主体性を持った生活

こうして、「主婦としての目」を取り戻し始めたKさんは、夫、子どもに洗濯物の干し方やベランダの掃除などを指示するようになります。洗剤が切れていることなどに気がついて買い物を依頼し、子どもがそれを忘れると、催促をするようになります。高校生の息子は「以前の母は僕に何もいわなかったが、最近は僕の行動にうるさい」と語り、娘は「ママは寝ていて家の中が見えないのに、何でも知っていて不思議」と語ります。当初、「家族の世話になっているくせに、大きな口をきくな」と妻の要求をたしなめていた夫も自分から、妻を散歩に連れ出したりするようになります。

やがて、Kさんは十年前までよく作っていた得意料理（鳥肉のピカタ、竹輪の中華風炒め、春野菜の煮しめ、酢味噌和えなど）を、次々に思い出してくるのです。息子も「最近、母の味が楽しみ」というようになります。ある日、息子が食事に不平をいいました。すると、父は「ママの作ったものを残してはいけません」と叱るのです。

依然として、障害それ自体の改善は見られません。しかし、それよりもっと大切な主婦としての主体性を持った生活を彼女は取り戻したのです。生きることから、生きていくことへの喜びを彼女は取り戻したのです。

(8)生活経験を主体的に意味づける――自発性

「あきらめ」と「適応」の日々にありがちな要介護者と向かいあいながら、ホームヘルパーは、指示される家事援助を通じて、その人ならではの過去の生活経験、生活文化、生活技能面での特性を見直していきます。そして、見極めた要介護者の特性を生かした生活の場を要介護者とともに創造・共有し合うことで、要介護者の生きる力を引き出し、より主体的な生活行動を広げていくのです。たとえ動けなくても、生きているということを自分で実感しながら生きていく。その可能性に注目していくのです。「要介護者がみずからの生活経験を主体的に意味づけしていくための生活援助」と、ここでは表現しましょう。

人間の生活に根差した介護過程ということで、人間の生活特性である、①生活文化、②目的意識性、関連して内的発達要求、③社会的存在、関連して生活史をキーワードにして論じてきました。

本章の最後に、生活問題という視点を取り上げて述べていきます。

6. 生活問題――「社会制度の谷間」にある人々への援助

(1) 契約者という労働対象

訪問の初期段階、ホームヘルパーが意識しているのは、もちろん契約者です。しかし、実際、訪問してみると「ヘルパーは契約者であるその人だけに関わればそれでよい」というわけにはいきません。それはホームヘルパーの介護の本質によることなのです。

事例を紹介しましょう（注：「障害を持つ親子の自立支援にむけて」石田・泊・藤田著『高齢・精神障害者とホームヘルパー――生きる意欲を高める家事援助の真価――』萌文社、2001年、113頁参照）。

Tさん（女性）は70歳、重度の腰痛と貧血があります。室外は車椅子使用です。長男（40歳、独身）と同居されており、娘二人は県外に在住しています。「腰痛で長時間立っていることができないため、調理と買い物をしてほしい」――それがTさんの依頼でした。

訪問に際し、ヘルパーに、「息子さんがいますが、誰かが来たら2階に上がるように指示をしていますから」という伝達がありました。その理由は同居の息子さんが「精神障害」であるということなのですが、それは「秘密保持」という原則からヘルパーには伝えられません。それ以上に「ヘルパーは契約者であるその人だけに関わればそれでよい。他の家族には関わらなくてよいし、知らなくてよい」という行政側の考えもあるのです（介護保険の根底をなす「契約」にもとづく市場原理では、そうした考え方がより原則的になることはいうまでもありません）。「不十分な情報を与えられて、先入観を持って構えてしまうより、何も聞かないまま訪問したほうがずっといい」。そのようにヘルパーは前向きに考えます。しかし、いったん家族の中に入ると、次のような事態が待ち構えています。

(2)問題解決の鍵を握っている家族

訪問すると、さっそく、お母さんは、「○○ちゃん、上に行きなさい」としきりにいいます。しかし、長男は動こうとしません。ホームヘルパーが何を目的に、何をしに来たのか不信があるからです。ここでヘルパーが、「相手は認識能力がないし、契約対象ではない」とわりきってしまったのでは、当のTさんに対する介護を展開することはできません。

たとえば、料理のメニューは息子さん主体で、Tさんへの食事介護というより「○○ちゃんがいうようにしてやって」と言われます。しかも、息子さんの調理や味覚に関する経験は乏しいようで、メニューは毎回おなじ内容に偏りがちです。ヘルパーとしては拒否したいところですが、Tさんにとって息子は生きがいであり、その息子の喜ぶ顔を見るのはなによりの楽しみでもあるのです。そのことがわかっているヘルパーは、機械的に拒否するわけにはいきません。

この介護計画の問い直しの過程が大切なのです。

「契約者以外の仕事はしない、関わらない」ことが原則とされていますが、むしろ、契約者の生きる意欲を高め、自立を促していくうえでは、家族の特定の人物が対象となり、それへの働きかけ方が問題解決の鍵を握っている場合が多いのです。この点をもう少し紹介していきましょう。

(3)「自分の話をうんうんと頷きながら聞いてくれる」「自分のことをわかってくれる」──そうした喜び

ホームヘルパーが訪問すると息子さんはヘルパーに懸命に話しかけ、捕まえて離そうとしません。母親以外の人間関係はほとんどなく、自分を否定する人はあっても認められることは少なかった息子さんにとって、母親以外の女性が加わった家はまことにすばらしいものがあります。「自分の話をうんうんと頷きながら聞いてくれる」、「自分のことをわかってくれる」、そうした喜びが日々増してくるのです。

食事メニューは毎回おなじ内容で偏りがちになると述べましたが、ヘルパーはTさんと息子さんの食事面の「自立」を目的に、調理の共同作業を試みます。Tさんは腰が悪いけど、手は動くので「ジャガイモの皮むき」などをお願いします。息子さんは、彼の「大好きなトンカツ」を作るために卵とパン粉をつける役割を担ってもらいます。ヘルパーが「上手じゃないですか」とほめると、彼は満身の喜びをヘルパーに示すのです。

(4)「大好きな人に認めてもらえる」「みずからすすんで何かをやろう」――そこから広がる豊かな生活

やがて、ホームヘルパーが訪問するのを待ち構えて、訪れたヘルパーの手を引きながら、自分のやったトンカツの下ごしらえを見せようとします。「大好きな人に認めてもらえる」という生活の張り合いは、さらに、みずからすすんで何かをやろうとする動きへとつながっていくのです。

彼は病院の帰り道、依頼された買い物をおこなうようになります。これまで「弁当」しか買いに行ったことのない彼が、人が大勢いるスーパーマーケットに行くようになったのです。「今日はあさりが安かったから買ってきた」「今日は鯖があったから買ってきた」とか、そのほかにもいろいろなものに目がいくようになります。本人の視野、思考が内へと向かいがちだったのが、外へと広がっていきます。生活の楽しみも豊かに広がっていきます。なによりも、その様子を見る母親のTさんが生き生きと輝いていきます。ヘルパーの訪問のない日には、親子二人で調理ができます。こうして、「調理と買い物をしてほしい」という当初の問題はしだいに解消へと向かうはずでした。

(5)人が真の気持ちを語ってくれるとき

ところが、病気の進行には逆らえずTさんが入院という事態が生じるのです。「何かあったときはホームヘルパーに連絡して」という連絡メモを頼りに、「もしもし、お母さんが倒れた」

と息子さんは救いを求めます。

母親のTさんは自宅に帰りたい意思を懸命にヘルパーに伝えます。同時に、「息子が今の状態にあるのは自分の責任だ」「息子には申しわけないことをした」と、夫の飲酒を契機とした家族崩壊の経過を、はじめてヘルパーに語るのです。

退院後、ヘルパーは、息子さんによる懸命な介護と母親の思いを支援しましたが、Tさんは最終的には施設に入所することになるのです。

契約対象である母親が入所したことによって、ヘルパーの訪問は中止になります。ヘルパーと息子さんとの介護関係は断ち切られていくのです。これがどのような意味を持つかは、のちの事態が象徴的に示しています。

ヘルパーは、息子さんの死という連絡を受けるのです。部屋で亡くなっていることが発見されたのは「死後、4~5日経っていた」ということでした。

(6)「社会制度の谷間」にある人々への援助を担うヘルパー

ホームヘルパーは一般的に、「日常生活が困難な高齢者」を対象としていると理解されています。しかし、現実はアルコール依存症やてんかん、鬱病など、重複障害にある高齢障害者を中心とした「社会制度の谷間」にある人々への援助の中核を担ってきたのです。それはまさに生活丸抱えの総体的援助でした。そして、その方法の中核にいわゆる家事援助がありました。したがって、この間のヘルパーという専門職の量、質の改変、とりわけ家事援助の切り捨ては、衣食住への支援という、一般的なヘルパーのイメージからくる介護の切り捨てとは違っているのです。いわば「社会制度の谷間」にある人々への「総合的援助（いのちそのもの）の切り捨て」になっていったのです。介護保険の問題を考えるとき、この点をけっして見失ってはならないと思います。

介護福祉労働は疾病、障害の形成過程となっている生活基盤とその脆弱化《ぜいじゃくか》に注目しつつ、問題の解明を総合的にとらえ、対応していかねばなりません。「介護計画」の文面が、例えば「食事介助」「排泄介助」などであっても、問われているのは生活行為の部分的な機能障害に対する介助ではなく、ましてや分単位の細切れサービスを組み合わせることでもありません。貧困という状態への総体的な介護が問われているのです。例えば、訪問して見ると失禁で濡れ、冷えきった布団の中で老人が震えている。しかし、着替えの下着はタンスを開けても一枚もない。被服の洗濯以前にまず、一枚の着替えがない。それが求められている。「調理」を依頼されて訪問すると「卵焼きが食べたい」と言われる。しかし、卵を焼くフライパンが無い。「大根おろしを食べたい」と言われても、おろしがねも無い。肝心の包丁は研がないと使えない。その砥石もない。風呂を沸かそうにもボイラーが壊れていていて愕然とする。「修理費はどうするか?」

と直接尋ねるほど無意味なことはありません。問われても多くの高齢者は沈黙するだけでしょう。「この先、何年、風呂に入れるかどうかわからないのに、何万円も使うのはあまりに申しわけない」と語る高齢障害者もいました。

訪問すると、高齢者の枕元にありとあらゆるものがすべて手の届くところにおかれている。湯飲みのそばに痰壷が置いてある。どんぶりの横に尿瓶《しびん》が置いてある。おしめが濡れたままかたわらに投げてある。どこから片付けようかと戸惑うような状況にあっても、むやみに効率よく掃除を始めればよいというものではありません。手の届くところに必要な生活物品が本人のわかるように置いてあるからです。

やがて、その段階から、生きる意欲がしだいに希薄になり、寝たきりの状態をよしとする生活へと後退していく傾向があります。その状態に対して、依頼された調理・掃除だけをおこなえばそれでよいという問題ではないはずです。

すなわち、問われているのは「洗濯」「調理」「排泄」「水分補給」といった部分的・代替介助ではなく、貧困という総体的な状態への介護なのです。介護計画の文面が、「排泄介助」「清掃」であっても、その通りにはいかないのです。ましてや、分単位の細切れサービスの組み合わせでもありません。

介護福祉労働者には、生活問題がどのように人間的諸能力を弱め、人格的破壊をもたらしているか、その具体的・個別的な深い洞察力が必要です。なぜでしょうか。介護福祉労働者の働きかけは、要介護者を社会や制度へ適応させるためにおこなうのではなく、逆に、外的な社会的諸関係や制度に働きかけ、生活力を引き出していくためにこそ働きかけていくからです。さらに、個々人の生きがいや能力が社会的に封じ込まれ潜在化していることに注目しながら、個々人の持っている能力を引き出し合い、生かし合い、伸ばし合っていく集団づくりをめざします。

この意味で介護福祉労働において生涯発達と生活問題は表裏一体の関係にあります。現状において、要介護者が、現存の社会制度にいかに適応するかを問題にする傾向があるゆえに、上記の視点は見失ってはならないと思います。

第3章　可能性を見すえたアセスメント

1. 自立ということ

これまで生活に焦点をあてて、介護過程を考えてきました。関連して、以下では、自立ということ、発達ということ、可能性を探求すること、これらを考えていきましょう。

(1) 自立という言葉

自立という言葉は介護においてさまざまなところで使われています。それだけに、自立とは何か、改めて考えておくことが大切と思います。

広辞苑（第五版）によると、自立とは「他の援助や支配を受けず自分の力で身を立てること、ひとりだち」という意味を表します。日常表現で自立を使用する場合、「他人の力を借りずに自分でやる」、そうした「生活の状態」を表すことが多いですね。では、介護の場において、自立はどのようにイメージされているのでしょうか。おおむね以下の二つの指導目標ないし生活状態像として自立がイメージされていると思います。

①訓練等により介助が要らなくなる状態です。目標としては「日常生活行動」「基本的生活習慣」など「身辺処理」に関わる諸能力の形成です。

②身辺自立が前提条件となって経済的自立をとげた状態です。目標としては職業的「更正」といえましょう。

この場合、自立は一定の生活状態像ないし指導目標であり、かつ、介護や依存の反対語として理解されています。この点は後に検討することにして、まず、国の政策視点からみた自立の内容について述べておきましょう。

(2)自助としての自立

神島二郎氏は次のように述べています。「明治維新以後、我が国では新しい国家と産業を担いこれを支えるに足る新しい人間の育成と新しい労働力の創出とが、絶対的な養成として受けとめられ、財政の窮乏化にもかかわらず、この実現が至上命令とされた。そのため、すべての国民がこの使命を共有し、あたかもそれが私の必要であるかのごとく、国家から個人に責任転嫁の論理と仕組が用意された」(注：神島二郎「天皇制国家における子ども観」『岩波講座・子どもの発達と教育』1979)

国民の自立要求がすり替えられ、政策目的に適合するように歪曲され、生存競争促進の道具立てにされてきた歴史的事実は多々あります。結局のところ、国家において自立とは「社会制度からの離脱」＝社会制度を利用しなくなる状態を意味している場合が多いのです。

⑶経済的自立

法の下で、経済的自立への努力を国民に義務づけていることも忘れてはなりません。例えば「身体障害者福祉法」（１９４９年）第２条は「自立への努力及び機会の確保」において「すべて身体障害者は、自ら進んでその障害を克服し、その有する能力を活用することにより、社会経済活動に参加することができるように努めなければならない」と規定しています。１９７０年の「心身障害者対策基本法」は、第６条「自立への努力」において、「心身障害者は、その有する能力を活用することにより、進んで社会経済活動に参与するように努めなければならない」とし、「家庭も」「心身障害者の自立の促進に努めなければいけない」と規定しています。

⑷身辺自立

国家において、自立は、身辺自立（施設、学校におけるリハビリテーションをはじめとした指導、訓練によって日常生活行動が可能となる）によって介助が不要になる状態を意味する場合があります。例えば、身体障害者が「相当に生活訓練がおこなわれ、それまで日常の起居に他人の手をかりなければならなかった者が、自分の力で日常生活を送ることができるようになった」ことを「更生」と評価する考え方です（「身体障害者福祉法」の附則別表1954年改正）。

さて、先の経済的自立（働いて経済的に自活すること）と身辺自立は相互に補完し合っていることに留意してください。すなわち、身辺自立が前提条件となって経済的自立をとげるという関係である。それは、先ほど述べた「社会制度からの離脱」につながっていくのです。それでは、私たちは介護において自立をどのように考えていくことが大切なのでしょうか。この点を次に述べていきましょう。

(5)人格的自立

①自立を人間的特性の発揮の過程に焦点をおいて考える

まず、述べておきたいことは、自立を人間的発達の過程として考えていく必要があるということです。例えば、身体的自立を単純に問うなら、百獣の王ライオンが一番自立していることにならないでしょうか。しかし、私たちが働きかける対象は人（格）です。問われているのは自立一般ではなく人格的自立なのです。その自立において、身体的にできないことができるようになることが自立のすべてではありません。自立を論じるときも、動物と異なる人間の本質的属性、人間としての発達から考えなくてはならないと思います。

すなわち、自立評価の基本をどこに置くかということです。人間としての特性が、どのような集団・連帯・共同(社会的存在)によって、どのような方向へ向かって発揮されているか、その中で、要介護者個々人が自分自身をどのようにとらえなおし、周りに働きかけようとしているか、その人間的特性の発揮の過程にこそ、自立評価の基本を置かれなければならないと思います。

②内発的な意欲

「他人の世話で生き長らえることのむなしさ、苦しさ」を背負いながらも、日々生きていこうとされている一人の高齢障害者がいました。介護開始後2年経った段階での、その高齢障害者に対するケアスタッフの自立評価ですが、ある介護職員は身体の可動性からみて、何の向上も見られないことを問題視しました。他方、ある介護職員は、「たしかに、身体面での向上は見られないかもしれない。しかし、最近ではおむつ交換をしようとすると、動かれないまでも、懸命に腰を動かそうとされているではないか」と反論しました。私の見解は後者です。

人間として自立を評価していく際、内発的な意欲の現れをきちんと観察していくことが大切だと考えるからです。自己をどのように能動的意識的に表現し、周りに働きかけておられるのかという、人間の特性に根ざした自立評価です。自立は外から一方的に評価されるものではなく、介護職と要介護者との双方向からの働きかけ(共同性)によって内から自主的に生まれてくるものなのです。

(6)自立を過程として考える

①目的としての自立

自立の状態像について、身体的にしろ、経済的にしろ、他の力によらず自分の力でなし得る状態として考える傾向がないでしょうか。例えば「精神的に自立していても、排泄が自力でできない限り自立とは言えないのではないか」という意見があります。私は言います。「ではあなたは自立されていますか」。その人はこう答えます。「うーん。経済的に自立していないですね」。どこに焦点に置いて自立度を測るかによって見解の違いはありますが、自立を身体的にしろ、経済的にしろ、他の力によらず自分の力でなし得る状態像として考えると、障害者の場合、いつまでたっても自立できないことになってしまいます。そもそも人間は社会的存在であり、自分の力だけで人間的発達を遂げることはできません。

②対象化の過程

さらに言うならば、自立は、経済的にしろ身体的にしろ、目的概念として意味を持つのでしょうか。自立は過程として存在しているのではないでしょうか。例えば、結果を絶えず問いつめることよりも、直面している課題にその人自身がどう向き合おうとしているか、彼自身の内的要求や気持ちの変化はどうなのか、その過程が大切です。換言すれば、他者からみて、どのような「問題」状況にあろうと、向かい合うその人が人間の特性をどのように発揮しているか、その過程のあり方が重要になってくると思います。当事者自らが、能動的・意識的に他者に働きかけ、人間関係や自己を作り上げていくという、その社会的な過程です。すでに述べたように、人間は周りに働きかけていくその過程において、その人間的特性の発揮によって、周りも自らも人間的発達を遂げていきます。

この意味で、自立は単に目的概念として意味を持つのではなく、周りに働きかけていく、他者との関係を自分から作り上げていく、その対象化の過程の有り様に意味を持ち、自立が認められるのではないでしょうか。

(7) 生活技能を生かす

①共に調理するということ

私の尊敬するヘルパーさんが次のような体験を語ってくれました。

彼女は高齢者に「一緒にご飯の準備をしませんか。私が大根を切りますので、茶碗を洗ってもらえますか」と誘います。そして、鍋をガスレンジの上にのせて火をつけました。ぐらぐらと沸騰してくると、彼女は「その火、小さくしてくれますか」と頼みます。たまたま高齢者がガスレンジの前にいたからです。しかし、返事が帰ってきません。「火を切りますか」と言いながら、その人の顔を見ると、なんとひきつっているではありませんか。「しまった」と思ったその時、「ガスコンロって、どこにあるのよ」と怒りの言葉が発せられたのです。「ああ、申し訳なかった」、すぐに「ごめん、ごめんこらえてね」と言いつつ、ガスの火を切り、鍋をとって火を確認しようと目をそらした、次の瞬間、顔を戻した時には、もう高齢者はその場にはいなかったのです。

自分がわからないことを質問されて、「ガスコンロって、どこにあるのよ」と切って返したものの、その場にはいられなくなったのでしょう。ヘルパーは考えました。「おそらく、花が好きなので花畑にいらっしゃる」。そう思って出かけていくと、やはり、いらっしゃった。すると「あんた来たのねー」との高齢者の声。その時は、もう穏やかな顔になっておられたのです。「ああ、忘れてもらうということはありがたいことだ」。ヘルパーは正直、そう思って安堵しました。「おうちに帰ろう、ご飯ができたよ」と呼びかけます。テーブルに着くとじっと食べ物を見て、「食べろと言うけどなにが出てくるの、あんた食べてくれ」。ヘルパーを試しています。「それじゃー、私これもらうよ」といって食べると、高齢者の箸が動き、ヘルパーと同じ物を口に入れます。こうした経験を誰もが積みながら、やがて、高齢者と心が通じあえるようになっていくのです。

②「共にする介護」

認知症であっても、長年その人が身体で覚えてきた技能を生かしながら、その人の調理の幅を拡げていくことができます。ダイコンの皮むきをしてもらうと、皮むき一つとっても熟練した技が現れます。いったん始まった皮むきが止まらない場合もあるし、味噌を入れ続けたり、具を入れ味付けしていく手順がバラバラになる時もあります。そんなとき、使われるだろう道具を順番にセッティングしていく。使用するときのタイミングをみて、一つひとつ渡していく。あるいは段取りを考えながら、食材を本人の目に見えるところに少しずつ置いていく。適時、本人に渡していく。そうするとうまくいく場合もあります。

ヘルパーと共に得意の煮物をつくりあげると、「これを娘に持っていってやるのだ」と言われる。「娘が、おばあちゃんの煮物は誰にも負けん、あの味は誰にも出せんと言ってくれる。このあいだは、鍋一杯作ったのに、全部なくなってしまった」と語られる。なにより、そこから生まれる達成感がよい。まんざらでもないだろうとばかり包丁さばきをみせる高齢者に、かつて光り輝いていた当時の姿が再現されていくのです。

「共にする介護」とよく言われます。そこでは、本人ができないことのみをいかに介助していくかが自立の名のもとに強調されますが、それでいいのかと私は思います。どうでしょうか。

③主体的な行動を生む原動力

生活行動において、どこでつまずいているか、どこまでできているかを見極めるのは基本です。ただし、見極めた内容も日によって、時間によって、状況によって変わります。高齢者の覚醒状態がどのようであるか、認知レベルの揺れによっても変わってきます。

いわゆる「できるところ」と「できないところ」の見極めのごとく、評価を単純に二分的におこなうのではなく、「やっていないこと」を、「やればできること」と「やろうとしているここと」に分けて評価していく点も指摘されています。例えば「やればできること」に対して、「やってもらう」生活の場を意識的につくり、ヘルパーは要介護者の行為を見守りながら、決して「代行」しないということ、つまり「代行」は高齢者の「自立」を妨げるという意見です。

これらの意見は、特に否定されることではありません。しかし、単に方法として、「代行」をせず、「自分でやる」生活の場を提供し、「見守り」「意欲を喚起する」だけで、果たして高齢者の主体的な行為は生まれてくるでしょうか。なぜなら、「やればできる」ことを何故やっていないのか、逆に、「やれない」ことを「やろうとする」行動は、高齢者のどのような内面的な力によって現れたものなのか、この点の理解が問われているからです。

特別養護老人ホームにおける事例です。高齢者がご飯をおかわりしようとして動き出したその時、介護職員がすかさず「おかわりしましょう」と手を添えました。それをみた上司が「できるところは手を出さず、眼は離さずですよ」と諭《さと》しました。この場合、上司の介護視点は要介護者の潜在的な身体的可動性をいかに生かすかというところにあったのです。

さて、その時の要介護者の思いは、どのようであったのか。〝動くことも少ないから、いつもだったらご馳走さんをするのだけど、今日は息子が訪ねてくるからね。元気な様子で迎えてやらないといけない。どうしようかな、もう少し食べて元気な顔を見せようかしら。お茶碗半分くらい食べられるかな〟そう思って高齢者が立ち上がろうとしたとき、ケアスタッフの手が伸びてきたのです。

すでに述べてきたように、要介護者は、介護職が「できないところ」と「できるところ」を見極めて、「できないところ」に手をさしのべてくれることを、必ずしも求めているわけでもないのです。

人間は、その日、その瞬間、自分なりの表象を抱きながら、周りに働きかけ、目的意識的に行動していきます（表象とは：目の前に対象が存在していなくても、心的に喚起したり、未来を描いていく人間ならではの機能。このはたらきによって人間は目的意識を持つことができ、それは主体的な行動の源泉となる）。

それゆえにこそ私たちは、
a．その人が、今、その瞬間、何を心の中で大切にしているかをまず見極める。

b．その上で、今、何を考え、何をどうしようとしているのか、あるいは、何ができないで葛藤しているのか、それを注意深く観察する。

c．その見極めの上に、何をどのように側面的に働きかけていくか方針を具体化する。

d．必要な生活基盤や介護環境を具体化する。

一言でいえば、その人の身体的生理的行為を介助するのではなく、障害をもったその人の主体的な目的意識的な生活行為を介護しているのです。

④生活問題を抜きに自立は語れない

自立を語るとき、身体面からみた潜在力を問うことも大切ですが、その潜在力を具体化する主体が、主体として発揮し得ない「貧困」という社会的現実を忘れてはならないと思います。自立を支える客観的条件である所得・住宅・介護者などが社会的に保障されていないところに障害者や高齢者の自立の問題の根本があり、その問題を抜きにして自立は語れないからです。

自立を考えるとき、人間の特性という普遍的側面と生活問題という社会的歴史的側面の二つをあわせて考えていくことが必要だと思います。

2．なぜ、介護において発達概念が大切か

(1)「介護」という活動が生み出す新しい「発達の契機」

次に本書でしばしば述べてきた発達概念です。わたしが尊敬する前川泰輝さんが次のように述べています。

「介護してもらう側から、自分自身の変化・発達を見つめていったとき、介護者との関係の有り様や、『生活』認識の深化など、たくさんの思いがあります。それは、いわゆる『自立支援』の『自立』ではなく、『介護』という活動が生み出す新しい『発達の契機』だと思います。

だからこそ、介護は新しい価値を生み出す労働なのではないでしょうか?」。

前川氏は脳性麻痺によるアテトーゼ型四肢麻痺と診断されています。上肢のＡＤＬはほとんど「不可」で、ボタンをおす程度です。室内歩行は補助具を使用されています。屋外移動は簡易電動車椅子を使用(足で操作)されています。パソコン等は足指で操作されるのですが、先に述べたようなメッセージをわたしにくれました。私の思いとあまりにも一致していたので前川氏に感謝しました。「いわゆる『自立支援』の『自立』ではなく、『介護』という活動が生み出す新しい『発達の契機』である。だからこそ、介護は新しい価値を生み出す労働」なのではないかという言葉に、本書を著した私の思いがすべて集約されているように思います。

この点を述べたうえで、「自立」の次に、介護過程を具体化していく際に、「人間の発達」をどのようにとらえるかを考えていきましょう。そもそも高齢者に発達など考えられない、介護にそこまで求められるととても大変だという意見があると思いますが、今しばらく、読み進んでいただけたら幸いです。

(2) 基本視点

第一に、すでに述べたように、人間の発達は、運動系やその基礎をなす神経系の成熟や環境に一方的に制約されるものではないということです。人間の発達は、これまでに人類が培ってきた諸能力が対象化され具象化された社会的文化に働きかけ、それを取り込んでいく過程として重視していかねばならないと思います。

第二に、その過程において、主体としての人間が重視されることです。この場合、主体を、発達と関連させ次のように考えています。すなわち、自然や他者との関わりの中で自己を貫き、自由を広げていく存在であることです。

第三に、その上で何に働きかけようとしているかという主体者の能動的な活動（自己、他者にむかって働きかける方向、それに伴う感情・態度。もう一つは、社会、物に向かって働きかける方向、それに伴う技術・操作・認知等）において、どのように「つまずき」「葛藤」しているか、その社会的要因と個別的要因を見極めていくことです。

以下、実例を挙げて説明しましょう。

(3)人間発達は老化と無縁か

デイサービスセンターにおいて、参加者が風船バレーに興じている中、車椅子に腰かけたまま動こうともしない高齢障害者がいました。ケアスタッフは、〝とりわけ、これといった要求も感情も示さない。働きかけても反応がない〟と感じていました。ケアスタッフは〝本人がやりたいようにするのが一番よい〟と介入を避けたのです。言い換えれば、観察を打ち切ったのです。

その高齢者の視線に、ある一人のボランティアがひかれていきます。車椅子に座ったまま両手を握りしめてうつむいており、何も耳に届いていないかのように無表情に見えます。しかし、やがてボランティアは次のことに気づくのです。彼の身体と目線が風船の流れる方向にかすかに動いていることです。ボランティアは彼の関心は風船にあると考えました。ボランティアはケアスタッフが放棄した観察を続け、その仮説に達したのです。近くまで行き「一緒にやりませんか」と声をかけます。そして、車椅子を風船バレーのコートまで移動します。すると驚くことに、彼は不自由な体を懸命に動かし、何かを語ろうとしたのです。彼が語ろうとしたのは自らの戦略でした。仲間の風船バレーを見ながら、「こうしたらもっと的確に風船を返すことができるのに」という、①彼なりの表象を抱いていたのです。②その表象に基づき、目という自分自身の器官を能動的に働かせて、一人のボランティアを動かしたのです。③それを媒介に、仲間に目的意識的に働きかけ、仲間に自己を対象化していったのです。つまり彼なりに自分というものを能動的に表現したのです。④最終的に、彼は周りの認識と行動を変え、仲間の拍手喝采の中で、自分がそこに居ることの意義を実感していくのです。高齢化するということと発達という人間的特性は必ずしも反比例していくものではありません。

発達を諸機能の新たな獲得という視点からとらえると、高齢障害者の場合には確かに難しさがありますが、人間である限り、全人格的な発達の観点から評価されるべきではないでしょうか。この点から、私なりに「タテの発達」と「ヨコの発達」を提起してきました。

(4) ヨコの発達とは

人間、できないことができるようになることだけが発達ではないと思います。獲得した諸能力を生活の中で能動的・意識的に発揮すること、あるいは、能力の適用しうる範囲を拡大させていくこと、そのことによって人や物との関係を豊かにし、人間的自由を広げていくことが重要な発達の道筋であると私は考えてきました。これを私はヨコの発達と表現してきました。換言すれば、その人らしさをどのように生かすかということです。それは、その人の身についている能力、そして、それら発達の可能性をたえず発見しようとするところからはじまります。これは、まさに見ようとしないと見えません。そして、その人らしさが発揮される、その人がいないと始まらないという、まさに生活の場、その集団づくりをどのように創造していくかが求められます。ともすれば諦めや適応の日々にある要介護者にとって、自己が生かされるということは、経験の幅の拡大であり、新たな総合的能力が芽生える、後述するタテの発達へとつながっていくのです。私たちは、日々の介護を通じて、こうしたことを目的に励んできたのではないでしょうか。身体的アセスメントやそれによる身体的介護も、この目的にそって実践されてこそ生きてくるのではないでしょうか。

(5)タテの発達とは

次に、タテの発達とは何を意味するのか、例をあげてみましょう。この事例は発達を介護福祉においてどう位置づけるかということも含めて指導していただいた上杉あさ子さん（特別養護老人ホーム「穂波の里」）によるものです。

施設というところで生きていく意味も感じられず、また、周囲のお年寄りや職員に対しても不信感を強く抱いておられた要介護者がいました。〝俺はみんなとは違うのだ〟という気持ちを抱きながら孤立していたのです。

ところで、その施設には入居者の自治会があるのですが、なんと、その自治会の会長に彼は推薦されたのです。彼は、いやいやながらでも与えられた課題をこなしていきます。しかし、活動に誘われ、参加していく中で、少しずつ自分と他者との関わりが見えるようになっていくのです。やがて、彼は施設長にこう相談します。「みんなのために自分は何をやったらいいのだろう」「みんなから受け止められるようになるには、どうしたらいいのだろう」「自分の思いをどう表現すれば、わかってくれるだろうか」等です。

つまり、他者の思いを意識するようになり、そして、他者から期待されていることが自分で見えたとき、彼は、仲間から本当に信頼してもらえるような人間でありたいと思うのです。積極的に他者との関係を自分から作り上げていこうとするのです。そのために彼が培ってきたその技能を生かしていくのです。彼はきわめて苦手であった自己を表現すること、その力を取り戻し、それだけにとどまらず、広げていくのです。周りや仲間との関わり方が見えずにいた不自由さに変わって、仲間との関わりの中で自分を生かしていくことの意義、楽しさを感じるようになります。これまで、施設というところで生きていく意味も感じられず、また、周囲のお年寄りや職員に対しても不信感を強く抱いておられた彼でしたが、一つひとつの生活行動において楽しさや展望を感じていくようになるのです。単なる自分らしさの取り戻しではなく、上記の過程において彼は新たな人格形成、生活力をなしとげてきているのです。この過程を私はタテの発達と表現しました。このタテの発達は、ヨコの発達につながる生活の場を創造していくことによって、それを媒介に創られていきます。両者は表裏一体の関係にあるのです。

(6) 自己をどのように他者や周囲に対象化しようとしているのか

介護福祉労働者が向かい合う人々は、近年、ますます重度化してきています。自分では寝返りを打つことができない、自力で食事をとることができない、咀嚼も困難である。いつ対面しても表情に乏しく、感情も要求の発露もつかみにくい。こうした状態にある人々(あるときは「困った」行動とレッテルを貼られた人々)と対面するとき、ともすれば、その人の障害部分ばかりが目につきやすいものです。懸命に介護しているのですが、それだけに視点が、今できないこと、やらないことにとらわれがちです。これには、いろいろ働きかけても反応が返ってくることが少ないので、どう働きかけ、どう関係を結んでよいのかわからないという実情もあります。

要介護者が重度化してくると、少ない人件費の中では介護労働者よりも看護師が重視されていく傾向にあります。看護はもっと充実されないといけませんが、同様に介護も充実していかないといけないのです。同時に、看護と介護、そして要介護者との連携と、そのための学習の深化が必要ですが、現状はどうでしょうか。とりわけ、介護における次の視点がますます希薄になってきていると私は思うのです。

人間は一定の表象をその人なりに抱きながら、目的意識的に周りに働きかけ、周りを発展的に変えていきます。その過程において潜在化していた自分自身の新たな総合的特性も芽生えてきます。ケアスタッフに〝感情や要求の発露も把握できない〟と思われがちな高齢障害者も、人間である限りその特性を発揮し続けているのです。その内なる発達要求のメッセージは多様な形で現れてきます。眼球の動き、手、足、そして、身体全体を使った多重的な方法・手段によって表現されてきます。否定的な形で要求が現れてくる場合(暴力、自虐行為等)もあります。

いずれにしろ、要介護者のさまざまなサインを的確にキャッチして、今、その瞬間の思いに接近していく、そのための時間と集団による討議は、尊厳という介護の基本からしても欠かしてはならないことだと思います。しかし、人がいない、介護報酬が低い、時間に追われる、腰痛をはじめ病人が後を絶たないなどの中で見失われようとしているのではないでしょうか。

介護がその人らしい主体的な生活を問題とするなら、基本は、たとえ、「重度」になっても、むしろ、それだからこそ、①本人の内面的要求、目的意識性に依拠しながら、たとえ微小な行為であろうと、それを一つひとつの主体的な生活行為につなげていくことが問われてくるのではないでしょうか。そして、②どんなささやかなことでも、要介護者自身が意識的に対象を選択でき、働きかけることができる生活場面（労働）を増やしていくことではないでしょうか。そのことによって、③要介護者の表象をより豊かにしていく実践をあきらめないことではないでしょうか。④表象がより豊かになっていけば、要介護者自身が働きかけようとする対象もそれなりに広がっていきます。その対象が他者にとってどんなに取るに足りない対象であろうと軽視してはいけないと思います。そのささやかな積み重ねが（たとえば「重度」になっても）、生きてきますし、生きる目的・張り合いをより豊かにしていくのです。

それゆえに、要介護者が、①今、その瞬間、状況をどのように主体的に判断しているのか。②その状況判断をどのような予測に結びつけているのか。③根底には、どのような目的、そして、当面の目標を抱いているのか。④その矛盾・葛藤から、どのように対象化、働きかけがおこなわれているか。⑤どのように納得して折り合いをつけようとしているか。⑥結果として、どのように仲間・周囲に働きかけようとしているのかについて理解しようとすることが大切です。まとめていえば、自己をどのように他者や周囲に対象化しようとしているのかということです。その主体的な実践が、どんなささいな動きであっても、総合的に観察し、側面的に援助していくこと、そして、その実践を客観的に体系化し、後輩に伝えていくこと、こうしたことが、今、改めて問われているような気がします。

それは、同時に、国の社会保障のありかたを変革していくことなのです。時間に追われ、身体介護業務がますます増える中で、ともすれば、本人がいま抱いている内面的要求よりも、たとえば排泄なら、排泄介護それ自体が目標になってしまうとすれば、どうでしょうか。労働内容が細分化し定型化され、部分労働化していく、しかも、それを時間内にこなさないといけないということになってしまうとすれば、どうでしょうか。

介護福祉労働は、その人の身体的・生理的行為を介護するというより、障害を持ったその人の主体的・目的意識的な行為を介護するのです。問われているのは、与えられた目的に対する手段・方法の適合性そのものではなく、要介護者と労働者の絶え間ない目的の探求という介護過程のあり方だということです。そのことを今一度、みんなと考え、労働条件を意識的に改善していかなくてはならないと思っています。

3. 問題発見型のアセスメントではなく可能性探求型に

(1)可能性という介護視点

前述してきたことを実践するためには、観察の視点を変えることが大切です。つまり視点を問題発見型ではなく可能性探求型にすること、あるいは、問題点を特定するための原因究明型のアセスメントではなく、いわば関係づくり探求型のアセスメントへと発想を変えていく必要があると思います。すなわち、

①できるところの客観的評価。②やりたいけれどやれないといった内発的な意欲の現れ方の観察。③見通しがもてる生活の場、生活空間の創造。④「困った」行動という個別的な問題に対する個別援助ではなく、人と人との関係の中で自分の特性を生かす喜びが実感できるような集団づくり。

総じて言えば、発達の可能性の集団的探求です。以下では、この点を述べていきましょう。

(2)「全体を見よ」といいながら…

部分にとらわれず、全体を見る目を培うことが大切なことは言うまでもありません。たとえ

ば、要介護者の生活行動を輪切りにして、その一つひとつの連関性をぬきにした部分的評価をおこなうことは避けたいものです。もっとも、要介護者の全体像へ接近していくためにはいくつかのハードルがあります。

第一に、施設介護にしろ、在宅介護にしろ、要介護者と介護職が相互に働きかけ合う生活場面は限定されやすいことです。基本的に、要介護者の身体的可動性によって限定されます。

第二に、「全体を見よ」といいながら、実はその人の障害部分、不適応状態に視野が限定されている場合が多いことです。その人がどのように生きていこうとしているのか、今、その瞬間、どのような思いでいるのか、これらを把握することが、目の前の障害部分、不適応状態にとらわれて見失われていくのです。

第三に、その人の障害が、その人のかかえる生活問題をはじめとした社会的諸関係に起因していることを、実質的に見失った観察、人間理解にとどまる場合があることです。

第四に、みずからの未経験・知識不足からくる先入観や、その人に対する惰性などに起因する場合です。「あのお年寄りは好かない」と思っていると、つい無意識のうちに、その人を避けたり、実務的に接したりして、すぐに帰ってくるようになるものです。

人間の知覚というものは実に選択的です。見たいものが見え、聞きたいものが聞こえてくるのです。その人らしさを観察するということは、実に能動的で、介護職の目的や意識の所在によって規定されてきます。

(3) 醸成

例えば、次の観察という名の記載です。「尿臭がある」「空き缶や食べかけのおかずが散乱している」「洗い物は流しに一杯ある」「飲みかけの薬袋がおいてあった」「ダンボールが山と積まれ足の踏み場もない」「冷たい黄色くなったご飯」「流し台がぬるぬるしている」「周りに小蝿が飛んでいた」あるいは、「怒りっぽい、つくり話をする」等です。いずれも観察ではなく、その内容はバラバラな印象の集合であり、知覚しうる外面的な状態の記載が多いのが特徴です。これらの記載内容は、常識的な日常生活と比較して、その人の生活後退を問題にしている点が共通していると思いませんか。しかし、介護過程は、向かい合うその人が、どのような「困った」行動をとろうと、どのような生活後退の状態であろうと、そこに人間ならではの特性がどのように発揮されているかを見極めようとする観察からすべては始まるのです。

訪問時、いつ、何を、どのように食べられたか、認知症の高齢者の場合、その内容が一般的な観察やコミュニケーションだけではわかりません。さらに言えば、いかに食べてもらうかが問題です。食行動は認められても「食べていない」と言われる高齢者、同じものばかり食べている高齢者、鍋の中に腐ったものがいっぱい入っている高齢者、こうした高齢者に向かい合ったことはあるでしょう。

ヘルパーの研修会での経験です。講師が「訪問当初は、相手の好みを重視して、何をつくりましょうかと意向をまず聞きましょう」と話していました。しかし、訪問当初だからこそ、「何をつくりましょうか」と聞くことは空回りになると思います。高齢者にとってみれば、「何をつくりましょうか」と聞かれても、何をつくってくれるのかわからないし、何を言えばいいんだろうと戸惑ってしまうのではないですか。「何を食べたいか」と聞かれても思い浮かばないこともあるし、高齢者自身が表現できない場合があるでしょう。むしろ、例えば郷里の話とお国自慢の料理の話に花を咲かせたほうがよいこともあります。「そのお国自慢の料理を教えてくれませんか」と語りかけながら、高齢者の意向に沿った調理ないし食事という生活行為へつながっていく場合もあります。

また、「何か足りない物はないですか」と聞かれても、何をどのようにこの人(ヘルパー)は買ってきてくれるのだろうかと疑ってしまう。要は、「何を食べたいか」「何を食べられたか」と意向を聞く以前に、前提となる関係づくりが問われているのだと思うのです。今や、その関係づくりのための介護時間すらとれません。

初期の段階は台所や寝所には入らせてもらえないことが多いでしょう。例えば、お年寄りが座っていた傍らにパンが半切れ残っている、食べかけの醤油ご飯がテーブルにおいたままになっている、パンとかご飯とか主食の残がいはあるが、副食の残がいはないなど、観察していくと、いつ頃、どのような物を食べておられるかが推察はできます。問題は、その観察をどのようにつないでいくかなのです。「何をつくりましょうか」と相手の意向を尊重し、なおかつ、台所に入ることができ、調理ができるという教科書通りの手順にはなかなかいかないのです。熟練のヘルパーが語ってくれました。「そばからみて、正直、ハラハラしながら調理の機会を待っていました。冷蔵庫を見せてもらうことができるようになったのは、訪問開始後3週間目でした。『薬を飲まれるのでしたら、おむすびをつくりましょうか』と話しかけると、黙ってうなずいてくれたのです。それを契機に台所に入れるようになりました。私のつくったおむすびをむさぼるように食べられましてね。いまでも覚えています。それからですね、少しずつ調理らしきものができるようになったのは」。

この事例では、3週間を要していますが、どのくらいかかるかは個別性があるでしょう。いずれにしろ、こちらの思いを行為に移すまでには醸成期間が必要です。単なる待機ではありません。すでに述べたような関係づくりと観察を能動的・意識的に積み重ねながら、機が熟すのを待ち受け、好機を生かしていくのです。その機会を生むための醸成を、どのような期間、どのような観察によって、関係づくりを育んでいくか、そして、的確に機会を生かしていくか。そこにヘルパーの熟練性と共同性が問われるのです。服を着替えさせたい、長く伸びた爪を切りたい、体臭が気になるので清拭したい、そんな思いが実践できるまでには、意識的に働きかけを積み重ね、熟する時期を待ち受けなければなりません。しかし、今や、それは介護報酬上、介護時間とは言えない状況になっています。

(4) 共感・安心できる人

さて、他人に訪問されて、触れられたくないことに触れられたり、問題点をアドバイスされたりしてうれしい要介護者はいないでしょう。「そんなことはホームヘルパーとしてわかっています」と思われるかもしれません。

でも、思わず、例えば「がんばって歩きましょうね。少しずつ歩くことが大切なのですから」など、要介護者を諭してしまうことはありませんか。要介護者にとっては、心の底では百も承知のことを指摘されるわけです。「歩きたくても痛い」「この辛さをなんとかわかってほしい」ということが今の本人にとって一番の要求なのに、「歩いたほうがいいですよ。私が担当したAさんは言われるまえに自分のほうから歩く努力をしていましたよ。今では一人で歩けるのですよ」と専門家的に語り、結果としては主観的に叱咤激励するのです。できないから葛藤しているのに、あるいは、自分にとってそれは楽しみの一つなのに、それを否定されるのです。要介護者にとってこれほど情けないことはありません。

これは方便で述べているのではありません。なぜなら、社会的障害がありながらも、生きている意味をたえず問い続けているその人にとって、本当の自分をわかってもらえること、共感・応答があること、それらを真に実感していくことは、なによりも、①その人の生きる張り合いにつながっていきます。同時に、②そのヘルパーと「仲良しになりたい、話し合いたい、自分をもっとわかってもらいたい」という要求を要介護者に抱かせることにつながっていきます。すなわち、③援助関係に入るために欠かすことのできない、ヘルパー（介護職）への関心、ヘルパー（介護職）への共感へとつながっていくのです。

この点をもう少し述べていきましょう。

ホームヘルパーの場合、最初の訪問時、まず目に付くのは玄関先です。積もりに積もった塵、山と積まれた新聞の束、置き去りにされた郵便物、埃だらけの靴など、生活の問題点は容易に目に付きます。

たとえば、その人にとって思い出のある鉱石が玄関先においてあったとします。その鉱石はその人らしさに接近する手掛かりなのですが、ヘルパーの目には玄関先の数多くの問題事象と混然一体となりやすいのです。しかし、この段階で（玄関先で）、その人らしさをとらえる端緒が得られるかどうかで、その後の関係づくりに大きな違いが出てきます。たとえば、「この石はそのあたりに転がっている石とは違いますね」とヘルパーが問いかけたとする。すると、

「よく気づいてくれた、実は、私はこうみえても鉱石採掘の技師として30年がんばってきたのだ」と、その人らしさが溢れる自分の部屋へとヘルパーを招き入れてくれるようになるか、それとも、玄関を越えての必要以外の入室を拒まれるようになるかでは大きな違いがあるでしょう。

ヘルパーが要介護者の部屋に一歩入って、たとえば、昼間にもかかわらずカーテンが閉ざされたままになっていることに気づいたとしましょう。要介護者は眩しいため、昼間でもカーテンを閉ざしているのです。しかし、そのことに気を取られたヘルパーは、「昼夜の生活リズムが乱れているのではないか」と問題事象の一つとして判断しました。やがて、「今日は気持ちいいですよ。カーテンを開けましょうね」と行動へ移ります。ヘルパーとしての清潔感、開放感を作ろうとする行為が、結果としては、要介護者の感情をないがしろにし、要介護者にヘルパーに対する拒否感を生じさせていくのです。

これから先、関わろうとするヘルパーにとっても、「問題のある要介護者」というイメージを持たされることは、決して良いことではないでしょう。「まあ、ともかく言われたことをやっていればいいでしょう」という無難な態度にとどまることになるかもしれません。そうなれば、せっかく気づいた問題点も、その気づきの妥当性を確認する段階へとすすむことなく、悪印象の集合でおわってしまいます。

逆に、その人ならではの持ち味、好感の持てるところ、可能性を見いだしたとき、援助者としてのヘルパーのやりがいは倍増していくでしょう。

大切なことは、問題さがし＝問題中心型のアセスメントというより、要介護者の可能性を見失わないことであり、今、できるところから、焦らないで働きかけていくことだと思います。しかし、可能性を見失うなという言葉ほど難しいことはないですね。そのうえで、なお、言うとすれば、寄り添うということの難しさです。

⑸寄り添う

あるベテランのヘルパーさんが次のような話をしてくれました。訪問時、毎日、毎回、同じ話を、1時間、1か月聞いてきた話です。まずは、悲しかった話。たとえば、兄が結核で死亡したこと、優秀な兄だったが座敷牢のような病室に入らされて死んでいった話などです。訪問先の高齢者は、元看護師さんでしたが、看護師になろうと思った理由は、兄のような死を二度と体験したくないと思ったからだそうです。

そして、うれしかった話。1月1日に学校で饅頭をもらった。自分にとっては光栄すぎて、その饅頭はすぐには食べられなかった。そして、誇り高い話。学徒動員で、献身的に尽くしたこと、この家は私と亡くなった主人が懸命に働いて、漬物だけを食べるような生活で建てた家であること。この家を守っていかないといけないということ。それがあるからぼけられないし、倒れてはいけないと思っているということ。最後は恨み節。主人の家は手放さない。主人の建ててくれた私の家、その家を隣人は取り上げようとしている。私が出て行くと隣の人がこの家をとってしまう。だから、がんばらないといけない。

こうした話を、毎日、1時間、1か月聞いていくのです。今も同じ話を聞き続けていると話されていました。「ケアプランというが、それをやるためにはまずは、1か月は聞くことに徹しなければならない」。ヘルパーさんはそう語りました。

うれしかったこと、悲しかったこと、輝いていた頃、その話を聞いてもらい、共感・共鳴してもらえる喜びは、あらためて指摘するまでもないでしょう。例えば、一人で生活していて、いつも周りから見張られているような気がする。かといって、一人暮らしで誰もいいとも悪いとも言ってくれない。朝起きて、何かやらないといけないということも特にない。でも、やりたいと思っている。自分を生かしたいと思っている。何かをもって生きているし、生きていきたいと思っている。そうした心理的状態の時に、自分の思いを受けとめてくれる人がいるということ。悲しかったこと、うれしかったこと、輝いていた頃、その話を聞いてくれて、共感・共鳴してくれる人が現れる喜び、感情を共有しあう、共鳴していく喜び、そこからケアプランのめざす自主的な動きも出てくるのではないでしょうか。

しかし、今や、時間決めの介護を、少ない人数で、できるだけ多くこなしていかなくてはなりません。上記のような、生活援助にとって欠かすことのできない大切な実践が物理的に困難になってきています。

以上、問題発見より可能性を見失わないというアセスメントの視点が大切ではないかということを述べてきました。以下では、まとめの意味で、介護福祉という実践における認識過程を整理しておきましょう。いわば、介護過程の基本です。

(6)認識過程

第1段階は、知覚と表象というレベルです。人間は個々の事物をまとまった一つの事物として(例えば花を花として)反映する知覚という認識力を持っています。その知覚に基づき思い浮かべたり、未来像を頭の中で主体的に描いていくこと(表象)ができるのです。もっとも、当初の段階では、たとえば「目がしょぼしょぼしている」「元気がない」「おしっこの臭いがした」「シーツがよれよれになっていた」など、いわゆるバラバラな印象です。

第2段階は、主体の目的意識性、関心が問われます。人間の五感による対象把握は、その特性において極めて選択的です。聞こうとしなければ聞けない。見たい、聞きたい物が、見えるようになり聞こえてきます。同時にそれは残余の物が見えないことでもあるのです。したがって、五感の現実は、能動的に相手を知ろうとする主体の目的意識性、関心の有り様によって規定されています。

第3段階は、気づきというレベルです。漠然としたバラバラな印象のなかで、「おやっ」と思ったこと、気になったことが発見されます。例えば「呼吸が苦しそうだ」「口臭がひどい」「昨日の牛乳が飲みかけのまま放置されている」など、知覚がより意識され、かつての経験が表象されていくのです。

第4段階は、観察・情報収集のレベルです。先の気づきによる表象に基づき能動的な観察（能動的・目的意識的に対象に働きかけたり、触れたりすることによってもたらされる知覚の集中）、あるいは観察を補足する情報の収集が問われてきます。

第5段階は、統合・分析・判断というレベルです。視覚を中心とした五感の意識的な統合がおこなわれます。それには知識、過去の体験からの比較・現象の抽象化・分析・予測・課題の整理といった思惟《しい》の作用が伴います。

第6段階は、仮説の実証です。仮説に基づく目標が設定され、働きかける対象と視点が選定されていきます。その上で方法〈手順、手段〉が立案され、実践されていくのです。

第7段階は、新たな気づき・判断というレベルです。実践によって、あらたな気づき・判断が得られ、その判断に基づき、さらに能動的観察と情報の収集がおこなわれます。新たな課題が発見され、さらなる実践が展開されていきます。

第8段階は、共同性です。介護過程の基軸となるのは共同性です。一つは、要介護者とのコミュニケーションです。二つは、介護福祉労働者間のコミュニケーションです。一つの問題をみんなの目で見る。一つのことをみんなが気にする。一人の失敗をみんなが共有する。こうした、要介護者、介護福祉労働者の集団的なコミュニケーションは、気づきの客観化、知識の集積による介護福祉労働の標準化につながっていきます。介護保険制度のもとで、今、改めて問われている課題ではないでしょうか。

なお、上記の過程はくり返されます。新たに得られた発見、課題によって、新たな目標が設定され、実践されていく、この螺旋的なくり返しにより、積み重ねた実践の量は質へと転化していくのです。この意味で、すでに立案した目標を絶えず見直し、何をなすべきかという目的意識性が問われるのです。

しかし、今、以上の労働を保障する心の余裕、時間が絶対的に欠けており、競争の中で、ともすれば連携とかコミュニケーションという介護福祉労働の真髄が希薄になろうとしています。もちろん、大切に守り、育てている介護福祉労働者の仲間、若い労働者の明るい介護をめざすたくましさを見失ってはならないのですが。

この意味でも、次章において、介護福祉労働とは何か、自分たちの仕事の特性、社会的意義はどこにあるのかについて、改めて確認します。

第4章 他の対人格労働と比べた介護福祉労働の特性

介護福祉労働は看護や教育労働と同様に対人格労働であると述べました。それでは、介護福祉労働は他の対人格労働と比べ、その労働過程において、どのような特性を有しているのでしょうか。これを述べないと、介護福祉労働の専門性も明確になってきません。

(1) 生活問題の何を対象化するのか――労働目的からみた労働特性

労働の成立と専門性を識別していくためには、労働対象というより、労働目的の特性に焦点を置いて分析していくことが大切です。

例えば、訪問看護は訪問介護よりも歴史的に先行しています。訪問看護で言えば、当初の訪問時、そこでまず問題になるのは、劣悪な生活環境でした。何日も食べずに、汚れきった服を着て、何日も風呂に入ることなく、暗く湿った部屋に寝ている人々。訪問看護の目的達成のためには、まず、この問題抜きには前に進まなかったのです。他方、そうした訪問看護の流れとは別に、家事援助を媒介とした訪問介護が実践されていきます。イギリスでいえば1894年に、ロンドン東部で慈善活動をおこなっていたモデル（ModelA）が出産、病気などの母親に代わって家事援助をする職員を派遣しています。

問題は、看護、介護の現象的な類似性をもって、当初おこなっていた訪問看護の機能が、「訪問介護によって分化した」とする、あるいは、「介護は看護を源泉とする」という考え方があることです。なぜなら、それぞれの労働の起源、ないし、後に成熟していく労働の専門性を分析していく際には、すでに述べたように、労働対象というより労働目的の特性、視点に注目していかねばならないからです。現象として、同じ労働対象に向かい合い、同じ実践をおこなっているように見えても、そこにおける労働目的の相違が普遍的にどのように所在しているか、そこを見て、その労働の起源の社会的意義、その専門性を分析していかねばならないのです。

(2)労働目的・対象・方法

1．介護福祉労働は、人格に働きかけ、その生存権、発達保障を目的とします。その際、衣食住という生活の基本のところに焦点をあて、そこから派生する生活問題を起点として、要介護者の生活文化、生存権・発達権を追求していきます。言い換えれば、生活問題の入口に家事労働のつまずきがあり、その改善の足がかりも潜んでいるからです。いまある生活が崩壊していく。人間として社会的平均的に保障されるべき生活水準が劣化していく。家族構成員の人間としての発達過程が希薄になる。これらの主たる契機に、家事労働が担ってきた衣食住を基本とする生命の再生産・生活文化の脆弱化《ぜいじゃくか》があることを思い出していただきたいのです。

さらにいえば、要介護者の日々の、その瞬間の目的意識の有り様とつまずきを見極めながら、要介護者の持っている特性が一つでも多く生かせる生活の場を創造していくこと、要介護者自身が自己の社会的存在感を高めていくことを目的に実践を積み重ねていきます。

2．介護福祉労働が働きかける対象は、人格であると同時に、メダルの表と裏の関係である生活問題です。その生活問題は、①労働主体として、人間に固有な文化や生涯発達を追求する発達権に関わる生活問題であり、②その根底となる生存権に関わる生活問題です。③その状態において、社会的平均的生活水準以下であることが基本的に問題となります。④その解明において歴史的、個別的な次元にまで対象化していかざるをえません。それは人間性の回復を通じて個々人が主体的に問題を解決し発達していくための生活力を形成することが介護福祉労働において目的となるからです。

3．介護福祉労働は、①要介護者の全人格的発達にかかわる矛盾がより集約された生活問題と「直接的」に向き合うという特性を有しています。同時に、②現実の生活、その生活を内側から観察し人間理解を深めていくという特性を持っています。生活時間や衣服、部屋の使い方、整理整頓の仕方、ゴミの内容などを観察するだけではなく、要介護者が生活の中で何を大切に考え、どうしたいと考えているか等の内面的要求、その実体を、生活場面総体の観察とコミュニケーション等によって明らかにしていくことです。この点からいえば、家そのものに入っていくホームヘルパーがより典型的な介護福祉労働であると言えるかもしれません。

(3) 介護福祉労働の特性から見た労働保障

こうした介護福祉労働の労働過程を追求していくためには、基本的に次の点が社会的に保障されなくてはなりません。

第一に、共同性という介護福祉労働の特性から見た労働保障です。

介護福祉労働は、家事労働のように自らのために実践するというより、共同体の成員のために実践していくことに普遍性をもっています。一人はみんなのために、みんなは一人のためにある、そのもとでの実践、働きかけ合いなのです。

現実には、連携、協同というより、個々人のなすべき課題が達成されたかどうかという結果や、そのための手段の適合性が問われやすいのですが、大切なことは、介護福祉労働者と要介護者の絶え間ない目標ないし目的の見直し、その探求という主体的な行為なのです。

そのためには、労働の課題設定やすすめ方、手順など、介護福祉労働者自身が自分の考えで判断し対応できる、そのための一定の権限と専門教育が保障されなくてはなりません。

第二に、変動性と連続性という介護福祉労働の特性から見た労働保障です。変動性とは、要介護者と顔を向かい合わせることによって得られる直接的・間接的コミュニケーションによって、新たな観察が得られたり、心情理解が深まったりすることによって介護計画が絶えず見直されることです。

連続性とは、介護計画は、時間で細分化できるものではなく、その人ならではの生きがいの節目をつないでいくところに、介護計画が成り立っているということです。

この変動性、連続性という介護福祉労働の特性を労働保障として確立していかないと介護福祉労働はそれとして機能しえないのです。

第三に、労働対象が要介護者、その人格であることに規定されて、次のような基本的要求を保障しうる労働条件が介護福祉労働において求められるのです。

ａ．尊厳性・無差別性：介護要求は人間の生命に関わります。介護は人格に直接働きかけ、その成否は生命と直結していきます。従って、介護要求を特定化、差別化することはできないのです。換言すれば、介護要求は支払い能力によって規定されてはならないのです。

次に、尊厳性です。長年、妻を介護してきた男性が次のように語っておられました。「私たちには排泄権がないのか。おしっこで濡れたまま、お尻が便だらけになったまま、そんな状態でも誰かが枕元に来てくれるまで待っていないといけない。または、誰かが来てくれるまで出すのを我慢しなくてはならない。そんな社会って豊かな社会なのでしょうか」。

b．包括性・個別性：労働対象は歴史的社会的存在としての人格です。従って、要介護者の過去から現在にわたる生活の全体像を包括的に理解し、介護要求に現れる社会像、病像、生き方の個別性を尊重しなくてはなりません。

次に個別性です。例えば、同一の要介護者による同一の表現での要求であっても、その内容において多様性があります。とりわけ、要介護者の苦痛の程度や種類は多様性があります。要介護者の訴えにおいて客観性がないからといって否定、ないし軽視してはなりませんし、苦痛や不安は疾患のレベルと必ずしも一致しません。本来の疾患によるというより二次的に発生した苦痛や不安、その個別性や多様な現れにどう対応するかが現実には問われています。

c．無制限性：「介護に何時だったら行ける、どこだったら行ける」というように要介護者の介護要求を時間や場所で制限するわけにはいかないということです。

d．継続性・地域性：なじみの地域における生活の継続が大切であり、かつ、介護に大型化、広域化はなじまないということです。介護サービスが、大型化・広域化することは、直接、対面し、顔の見え合う関係のもとで、連続して供給しなければならない介護福祉労働の特性から相反するのです。

総じて言えば、介護福祉における労働力がいかに総合的な人格を基礎としているかということでしょう。以上、介護福祉労働の特性からみた労働保障の基本的視点を記してきました。

第5章 社会発展史と介護福祉労働の成立

わたしたち介護福祉の仕事は、いつ、どのような時代にどのような歴史的条件のもとで成立していったのでしょうか。

そのことをなぜ、冒頭、問いかけるのか。それは次の理由からです。

たとえば、ヘルパーのあなた、こんなことを考えたことはありませんか。今、自分たちがやっている仕事は本当に介護といえるのだろうか。介護の仕事とはいったいなんだろうか。ヘルパーとしての働きがいをどこに見出していったらよいのだろうか。そんな思いです。

もし、そうした思いを抱いておられたら、これから私と一緒に介護福祉という仕事がどのように社会的に成立してきたのか、その歴史的な条件を学んでいきませんか。

そのことによって、介護福祉という仕事の本質、この実体なくして介護福祉の仕事とは言えないという、その内容をつかんでいただけるのではないかと思います。また、働きがいも再確認していただけるのではないかと思います。

1.「介抱」、「看病」、「看とり」

歴史を遡《さかのぼ》ると、法制度や物語の中にも、今、我々が印象としてもっている「介護」に類似した事象、言語表現が現れてきます。

たとえば、古代国家は「律令」の「戸令《こりょう》」にみられるように、篤疾者《とくしつしゃ》(重度障害者)および80歳以上の老人に、侍丁《じちょう》(介護を給)するように定めています。代償として税の減免措置がとられるのです。注目すべきは、この給付規定は男性・家長が介護の中心となることなのです。両親が篤疾の場合、官職をやめて侍丁の任務に就かなくてはならない、または、衛士《えいし》や防人《さきもり》といった地方の任務より侍丁の任務を優先するとあることです。

要は、扶養をできるだけ私的範囲に押し止めようとするものですが、その政策意図と表裏一体となっているのが、介護を支える孝の論理と仏罰という仏教思想なのです。

なお、当時の民衆は狭い範囲で同族通婚をくり返していたため、地域住民は地縁集団であると同時に、父系と母系の双方を、まったく同じ様に「親族」と認識する文化がありました。すなわち、双系的な血縁集団だったのです。

時期を平安時代に移しますと、平安中期に成立した日本の長編物語として源氏物語が有名です。その「てならひ」の巻に「あつかふ」という用語が出てきます。少し、話の前後を紹介しますと、横川の僧都（源信に擬したとされています）の母が、僧都の妹の尼と初瀬詣でをした帰途、宇治のあたりでにわかに発病します。山籠りをしていた僧都も、母の病と聞いて、山を下って宇治に来ます。そして、母尼を休ませていた宇治院の裏手で、正気もなく泣いている若い女を助けるのです。妹尼は、霊夢を見た後なので、この女を亡き娘の代りに長谷観音から授かったものと信じて、手厚く介護しようとしますが、この女こそ宇治で失踪した浮舟であったのです。「知らぬ人なれど、みめのこよなうをかしければ、いたづらになさじと、見るかぎりあつかひ騒ぎけり。さすがに、時々目見あけなどしつつ、涙の尽きせず流るるを」（知らぬ他人であるけれども、いかにも器量がこのうえなく美しいので、死なせてなるまいと、見る人の誰も彼もが介抱をして大騒ぎをするのであった。弱ってはいるもののそれでもときおり目をあけたりなどしては涙がとめどなく流れるのを…《注：『源氏物語』阿部秋生ほか訳、小学館》）。

このようにいわば、病人の世話を「あつかう」と表現されています。

鎌倉時代中期になりますと「沙石集《しゃせき》」がありますが、これは鎌倉時代中期、仮名まじり文で無住によって書かれた仏教説話集です。そこで「看病」という用語が使用されています。「坂東のある山寺の別当、学匠にて、弟子・門徒多かりけれども、年たけて、中風し、床に臥して、身は合期せずながら、命は長らへて、年月を送るままに、弟子ども、看病し疲れて、果ては打ち捨ててける。いづくともなく、若き女人一人来つて、『御看病祖申さん事いかに』といへば、弟子ども『然るべし』とて許し、えもいはず念比に看病しける。」（坂東のある山寺の別当は、学者で、弟子や門徒が多かったけれども、年を取って病気を患い、寝込んで、身体は思うようにならないが、命は長らえて年月を送っていた。弟子たちは看病に疲れて、最後には放っておいたところ、どこからともなく、若い女人が一人やって来て、「御看病してさしあげたいのですが、いかがでしょう」と言う。弟子たちは差支えないであろうと許したところ、実に心をこめて看病した。）（注：『沙石集』、巻第4、小島孝之訳、小学館）。

19世紀になりますと、武蔵国橘樹郡生麦村（現・鶴見区生麦町）に居住していた関口家の歴代当主5人が代々書き継いだ日記、「関口日記」において、「介抱人」という用語が使用されています。天保3年の2月27日の日記に、「追而見分之上伏込　老母義不出来ニ付昨夜大勢介抱人集ルお滋義」（注：『関口日記』第6巻、発行　横浜市文化財研究第六調査会、昭和50年）とあります。

以上、飛鳥、平安、鎌倉、江戸の順で文献に記された「介護」に準ずる表現を見てきました。

2. 法律条例の文言から

さて次に、法律条例において「介護」という文言が使用された例を取り上げていきましょう。

いわば周知の例として、まず挙げられるのが、１８９２（明治25）年の陸軍傷痍軍人の恩給に関して発令された「陸軍軍人傷痍疾病恩給等差例」（陸軍省通達第96号）です。そこにおいて「不具若クハ廃疾トナリ常ニ介護ヲ要スルモノハ」という記載があります。これは軍人援護による「富国強兵」を目的としたものです。

大正になりますと、1923（大正12）年に制定された恩給表の別表において「常時複雑ナル介護ヲ要スルモノ」と記載されていきます。

昭和に入りますと、1956（昭和31）年に制定された長野県家庭養護婦派遣事業補助要綱に「介護を必要とする老人、身体障害者、傷病者」と記載されています。

さらに、1961（昭和36）年には児童扶養手当施行令の別表において「常時介護を必要とする程度の障害を有する」とあり、1962（昭和37）年の中央社会福祉審議会の「老人福祉施策の推進に関する意見」において「常時介護を必要とする老人」とあります。やがて、1963（昭和38）年の老人福祉法の「常時の介護を必要とし」という文言へと至り、今日の「社会福祉士及び介護福祉士法」へと至っているのです。

こうしてみますと、歴史的事象として、現在の介護福祉と似た状況は昔からあったではないかという意見が出てきそうです。しかし、問題を現象的にとらえると、その本質を見失っていきます。言い換えれば、介護福祉の成立、その特性をいかに、社会科学として分析していくかでしょう。

結論を先に述べれば、歴史において「介抱」、「看病」、「看とり」と多様に表現されようが、資本主義段階に至るまでは、家事労働における看護・介護・教育・調理・裁縫・修理等は、今日のように専門的に分化することなく総合的におこなわれていました。生産と消費は家族という共同体の場で一体的におこなわれていたのです。

家事労働が分化して、教育や看護と同様に、介護が専門職として社会的に確立されるためには、客観的・主体的条件が成立する資本主義、とりわけ重化学工業の段階を待たねばならないのです。それまであった言葉の多様性にまどわされて、「看護が先にあった」、あるいは「介護は昔からあった」と述べていると、今日の介護福祉労働の本質が見失われていくのです。

詳しく見ていきましょう。

3. 問題発生のしくみと現れ方

これから、人が人としてどのように歴史的に発展し、人はいのちをどのように考えてきたのか、その基本を考えていきましょう。介護観、その基本となる人間観は、その社会構成体における、次の五つの要因に規定されています。

①社会的生産力水準、②生産関係、③政策主体（治安目的・労働力育成・生産力目的・軍事目的）、④労働者階級の量的質的発達、⑤特定の貧困から社会問題としての貧困の成立。

この五つの要因が総体として作用し、介護観・人間観を形成していくのです。各社会構成体を概観していきましょう。

(1)原始共同体

今、女性への社会的差別のありかたが問題になっていますが、原始共同体においては、高齢者・女性は「宝」であったのです。生産力である子を産む女性は大切にされ、現在と違い母系制でした。母親の側しか血縁は明確でないという理由もあります。そして、高齢者は生産に関わる知恵者であり、共同体の管理は、経験に裏付けられた高齢者にゆだねられていました。族長は主に高齢の女性です。他方、障害児・病人は共同体によって抹殺されます。これは、道義的判断というより、明日の食料さえ蓄える余裕のない低い社会的生産力の下で共同体を維持し防衛していくという客観的条件のもとで生れた事態なのです。

(2)奴隷制社会

農耕により蓄財が可能となった社会的生産力水準のもとで、労働に直接、従事しなくてよい人々、すなわち軍人が登場します。もうひとつ、戦争によって奴隷も誕生します。その奴隷を活用することによって蓄えられた富は、本来、特定の人間だけに委ねられるものではないのですが、その富を管理する労働者は、その役割を利用し富を私物化し、それは世襲化によって継承されていきます。奴隷を強制的に働かせ、共同財産を私物化していくために、暴力による支配機関として国家が発生します。こうして、私有財産の発生によって、母系制がくつがえされ家父長制に転換していき、女性、そして、老人は「歴史的敗北」をきたすのです。

(3) 封建社会

封建社会の生産関係の基礎は、生産手段である土地を封建領主が所有していることです。領主は農奴を土地に縛り付け、人格的に隷属させていく必要があり、そのため暴力を基本とした法や慣習による、いわゆる経済外的強制（経済力以外による直接的な強制）によって支配をおこなっていました。人間のいのちは国家にとって生産力かどうかというより領主への人身的隷属でした。自分のいのちは支配者の所有物であり切腹も強制されていきます。領土内の狭い範囲での低い生産力水準に規定され、分業を固定化していくために身分制が強制的に敷かれていきます。そのもとでの地域内、あるいは教区を単位とした相互扶助が展開されますが、地域外を出ると、そこに今にも亡くなりそうな人々がいても、相互扶助は機能しえないのです。これも、当時の社会的生産力水準に規定された生産関係の下での相互扶助であったからなのです。

(4)絶対王政

自然経済にもとづく、各村落内に限定された、封鎖的な商品の流通は、社会の発展にとって桎梏《しっこく》になっていきます。商品生産とその流通の発展により、各村落は海や山を越えて結びつけられていきます。国民的市場の形成です。それは封建領主という権力の分散性をとりはらい、中央集権化する経済的基礎をつくりだします。

中央集権化した単一の国家権力、絶対王政＝絶対主義君主制は、封建国家の最後の形態です。絶対王政のもとで、さらに、世界貿易がひろがり、資本主義的生産への移行の過程が促進されていきました。

(5)資本主義的生産

資本主義的生産様式は、少なくとも次の基本的条件を前提としています。

それは労働者階級の存在です。人身的には自由ですが、生産手段と生活手段を奪われており、そのため資本家に雇用されて働く以外に生きていけないという経済的強制の下におかれた労働者階級の存在です。資本主義的生産は暴力によって成立を速めていきます。絶対主義国家によって農民の土地および共同地は強制的に収奪されていきます。土地を奪われた農民は浮浪者として都市に流入します。商業資本家は、その人々を強制的に働かせるため、例えば「ワークハウス」に閉じ込め、さらに「救貧法」にみられるように治安対策を打ち出していくのです。こうして、人のいのちは資本にとって役に立つ労働力かどうかで評価される社会になっていきます。慈善事業もこの視点を基本とした、いわば自由主義的慈善事業が支配的になってきます。

4. 資本主義と家事労働の社会化

資本主義は、家事労働が専門職として社会的に成立していくために決定的な歴史的条件を成熟させていきます。

第一に、資本主義的生産様式が工業制手工業から機械制大工業という、物質的・技術的な基礎を得ることによって、工場における手工業者や単純な手工業者は、急速に没落していきます。社会は資本家階級と労働者階級という二大階級が多数を占めていくようになります。たとえば、農民は自給自足経済から農具、家畜、肥料を貨幣で買うようになり、あるいは生活の必要品をほとんど貨幣で買わねばならず、そのために働きに出る人々が増えていきます。家事労働において主であった「道具」という労働手段と、道具を扱う熟練という属人的な労働力も希少になっていきます。

第二、家事労働において生産と消費はかろうじて一体性を保ちますが、やがて、商品による家事の代替が支配的になります。商品生産が支配的になり、生産と消費は分離していきます。生産と消費、労働と生活の分離も進み、家族の再生産、発達に関わる家事労働時間が賃労働時間に置き換えられていくのです。

第三に、生活問題が、特定の人々の個別的な問題ではなく、社会で圧倒的多数を占める労働者階級という集団の共通した生活問題となっていきます。生活問題の原因が社会的であることを示す客観的条件が出そろうのです。

さらに、労働者は、資本家に売る労働力の持ち主として、形式的ですが自由があります。こうして、問題を社会的に、そして主体的に認識のための客観的条件が出そろうのです。いわゆる産業革命は、工場制手工業をはじめ、それ以前の生産の諸形態から機械制大工業に変わる変革のことで、単なる技術の変革ではないのです。産業革命によって、労働手段が機械体系になり、労働者は、機械の使用にあたって、共同労働による集団的労働をおこなうようになり、これを基礎にして資本主義社会のあらゆる変化が現れてくるのです。産業革命とは、このような社会的変革をさすものなのです。以下では軽工業中心の第1次産業革命と重工業中心の第2次産業革命に分けて考えていきましょう。

5. 慈善を基本とした属人的な実践

繊維をはじめとした軽工業を基本とした産業資本主義の段階において、労働手段は道具という伝統的生活用具が依然として支配的でした。したがって調理、裁縫、洗濯、掃除など、家事労働の成否は道具ないし、その道具を扱う熟練という属人性に依存していました。どういう労働過程を経れば、誰もが一定の域に達するのか、その客観的な分析にもとづく分業と協業という技能の機械化へ至るための客観的条件はまだなかったのです。

同様に、軽工業を基本とした産業資本主義の段階におけるソーシャルワークは、組織的とはいえ慈善を基本とした属人的な実践が主流でした。ソーシャルワークの実践主体は社会的に分業化しえていないのです。専門職として社会化していくという視点から見ると潜在的状態に止まっています。問題の本質が、実践の当事者も、その援助を受ける当事者も、客観的に把握し得るためには、機械制大工業の発展を待たねばなりません。それまでは、基本的には自助、地域、親戚による相互扶助、富裕階級の慈善が救済の源泉でした。

そうした歴史の中で、救済においては児童と受給貧民は、その形態において早くも相違を見せてくるのです。児童は未来の労働力として、あるいは貧困の世代的再生産を防ぐために、児童保護事業が高等教育を受けた中産階級を中心に試行されてきているのです。その伝統的な蓄積はCOS（慈善組織教会）によって組織的事業として集約され、ソーシャルワークの基盤となっていくのです。

他方で受給貧民は、国家により「労働不能」と烙印を押され、選挙権を有する市民としての人格を国家から認定されることなく、在宅というより収容という劣等処遇がより強化されていくのです。

ホームヘルパーの援助も慈善活動という原初的形態でした。対象は乳幼児のいる貧困家庭です。イギリスでいえば1894年に、ロンドン東部で慈善活動をおこなっていたモデル（Modell.A）が Sickroom Help Society を設立し、母親の出産や病気にともなう家事援助をおこなう職員を派遣しています。こうした始まりは、世界的に共通しています。共通した一定の客観的条件があって生まれています。すなわち、乳幼児の死亡率や母子心中、失業などの社会問題化です。

しかし、日本においては違うのです。厚生省は戦争に伴う未亡人対策や治安ないし軍事対策として、児童を対象とした家庭奉仕員制度を政策として打ち出すのですが、結果としては要保護老人世帯への派遣となっていくのです。ここに「家」制度に端的に現れている日本の半封建的な社会関係が現れています。「人民相互の情誼《じょうぎ》」という、すなわち、人々の生活は自助が当たり前だ、しかし、天皇は慈恵によって国民を救うのだという考えが浸透している中で、日本のホームヘルパーは特殊な形で始まっていくのです。この点は後に述べていきます。

6. 専門職として社会制度化される要因

重化学工業を基本とする独占資本主義段階において、ソーシャルワークが民間から公務員へと、公的な行政へと移行していきます。地位・公的権限を与えられた専門職集団として確立していくのです。その実際について述べる前に、専門職の成立がなぜ重化学工業主体の独占資本主義段階なのか、その要因を述べておかねばならないでしょう。

第一に、労働手段の発展段階からみた要因です。

すでに述べましたように、産業資本主義の段階において、労働手段は道具という伝統的生活用具が依然として支配的でした。したがって調理、裁縫、洗濯掃除など、家事労働の成否は道具というより、その道具を扱う熟練という属人性に依存していました。その労働過程を客観化して、専門化していく客観的条件は労働力においてなかったのです。

重化学工業（鉄鋼・機械工業などの重工業と、合成樹脂・肥料・合成繊維などの化学工業との総称）は社会的な生産力を飛躍的に増大させていきます。そして、重化学工業が消費に関わる生産部門に展開されていくとともに、生活様式は質的に変容していきます。

まず、家事労働において主であった「道具」という労働手段が、「機械」へと変革していきます。かつての属人的な、個人に依拠した熟練ではなく、技術が中心になります。

第二に、労働の発展段階からみた要因です。

中世の手工業者のように、自身の労働と目的で生産される個人的な労働の生産物ではなくなります。ますます大規模で国内のみならず国際的な広がりをもった労働者の分業と協業による生産物になっていくのです。労働はより分業化され、細分化されていきます。労働力は企画や研究・開発などの精神的労働が重視される一方で、多くは、単純な細分化されたマニュアル労働になっていくのです。資本という目的と意志にもとづく労働形態において、労働は部分労働化され、労働能力の発達をゆがめていくのです。ただし、それは労働が社会的労働へと転化していくために基礎となる客観的条件となるのです。

第三に、消費の発展段階からみた要因です。

上記を資本による生産と労働の社会化と表現しますと、その過程は同時に、個人的な消費を社会的に結合させ、労働力の再生産において社会的な共同消費を必然化していくのです。たとえば、家事・育児労働の家庭外における社会的施設利用への転換や、医療・教育・公園など共同して消費する生活関連諸施設・生活空間の増大です。街路・緑地帯・公園・上下水道・清掃施設・文化・スポーツ施設などコミュニティにおける共同の利用施設が増大し、その必要性を高めていきます。

つまり、資本による生産とその労働の社会化は、個人的私的な消費を社会的に共同して消費する形態へと部分的に移行していくのです。

しかし、その過程は同時に、労働力の再生産が資本蓄積によって実質的にとりこまれていく過程なのです。

労働力再生産のための物質的条件たる共同消費、自然環境、さらに衣・食・住等の個人消費に至るまで「貧困化」が労働―生活過程全体にわたって進展していきます。

具体的には、都市に生産手段が集中し、労働力が集積され、労働者に長時間労働、過密住宅が強制され、児童・母体破壊をはじめ健康悪化が一般化していったことを想起してください。商品化された生活手段の大量消費が大企業によって主導され、恐ろしく金のかかる生活が強制されます。すなわち、個別的資本家による個別的な賃金形態の矛盾が深化していくのです。年金・医療保険・雇用保険など社会保障の重要性が増大していくのです。

しかし、資本家は、彼らが必要とする労働力商品の再生産以上の要求実現においては、医療からレジャーに至るまで、個人的負担による家計支出を強制します。いかに老齢、心身の障害、母子家庭であろうと事態は同様です。社会的平均的な生活水準を維持していくためにはとても足らない賃金ゆえに、子供はアルバイト、父親は深夜まで働き、母親もパートに出て一家総働きで支えていきます。家族の再生産、発達に関わる家事労働時間が賃労働時間に置き換えられていきます。家事労働時間の短縮のために、企業による既成の商品で済ますようになります。これまで家事労働によって担われていた購入・保管・料理・裁縫・洗濯・繕い・掃除等が冷蔵庫・洗濯機・掃除機、そして、加工品・既製品などの商品に置き換えられていきます。

これまで家事労働によって担われていた内容は先に述べた商品による代替と共に、労働そのものを専門的に代行していく企業労働、生協をはじめとした互助的労働、そして公務労働に担われていくようになります。それがまたさらに高い出費を強制させます。こうして、育児、教育、介護など家族員を直接の対象とする家事労働が社会的分業の一環として専門分化していくのです。ただし、単純に社会制度化されていくわけではありません。いったん個々に支払われた賃金は、租税、公共料金、保険料、利用料等により国家機構を介して社会的に集中されます。そして、その還元の仕方は、時の政策に合致するように選別された対象者に還元ないし販売（追加搾取）されていくのです。販売、利用料、保険料という受益者負担によって、一方で労働者の生活を管理し、自己責任を基底においた自由競争を激化させ、他方において社会的弱者の生存権を逆に奪い取っていくのです。

上記は、家事労働が専門職として社会制度化していくための客観的条件です。

第四に、国民の権利要求と運動という主体的な決定的要因です。

重化学工業を生産力の基盤とする資本主義段階においては、労働者階級が社会的構成に占める割合は飛躍的に増大していきます。それは単なる量的増大ではありません。問題の社会性を客観的に把握できる社会関係の下で組織された労働者階級の増大です。その量的・質的到達点という変化が、国民の民主主義運動を社会化させていきます。それはまた、国民の認識を広げ、ひいては社会福祉の労働対象を国民一般に広げていくという相互作用を生んでいきます。これらは結果として国家の持つ二つの機能（権力機能、公共機能）のうち、公共機能としての国家の役割を余儀なくさせ、社会制度として実体化していくのです。

言うまでもなく、国民の要求がそのまま自動的に社会制度へと打ち固められるわけではありません。国家による一定の政策が込められて具体化するのです。現実の労働対象は生活問題、国民の民主主義運動、そして、政策主体という三つのベクトルの合成によって決定されていきます。無論、その決定的要因は国民の民主主義運動であることは言うまでもありません。

まとめますと、資本主義段階、家事労働の社会化によって、家事労働における購入、保管、料理、裁縫等、生活手段の消費のために必要な労働、そして、育児、教育、介護など家族員を直接の対象とする労働が、社会的分業の一環として企業労働や公務労働、互助的労働によって代替していきます。ただし、その時期は、資本主義一般ではないことです。産業資本主義でもない。生産と資本の集積とそれによる労働の社会化が進む、資本主義の重化学工業段階であることです。

しかし、この指摘だけでは、資本主義のもとで家事労働は社会化し、専門職として分化していくという平面的な理解に止まるのです。

7. 専門職としての形成過程

それでは、ソーシャルワークはどのように公的権限を与えられた専門職集団として社会的に確立していくのでしょうか。そのポイントを以下、記していきましょう。

これまで、社会福祉の対象は貧困層という特定の階層から、問題別対象階層（老人・児童・障害者・母子）へと分化し、やがて普遍化していくと考えられてきました。この点、専門職としての形成過程も同様に一枚板で考えられてきています。

しかし、その形成過程は一枚板ではないのです。特に児童と貧困層を対象としたワーカーにおいては、その違いが顕著にみられます。資本主義が典型的に展開していったイギリスを例にみると、まず、将来の労働力対策、あるいは兵力として、そして、貧困を世代的に再生産しないためにも、児童を対象とした保護事業、啓蒙活動が、その時代の支配者の思想に規定されながらも歴史的に蓄積されてきました。そして、公的な専門職として他職種よりもいち早く児童官が成立していきます。関連して司法福祉職が成立していきます。

さらに、COSを中心とした病院における相談援助は、1946年の国民保健サービス法のもとで病院が国営化されたことにより、医療ソーシャルワーカーという職業集団として発展していきます。

その医療ソーシャルワーカーの流れとは別に、アメリカの精神分析理論に影響をうけた精神医療ソーシャルワーカーが発展していき、1960年には精神医学ソーシャルワーカー協会、協会内認定資格を創設していくのです。

他方、老人・障害者・貧困層を対象とした福祉部のワーカーや施設職員は、その援助の伝統性にもかかわらず、専門職として社会政策上では評価されませんでした。ビル・ジョーダン（Jordan,B）は、1950年前後のソーシャルワーカーを、次の五つに分類して評価していきます（注：山本隆監訳『英国の福祉―ソーシャルワークにおけるジレンマの克服と展望』啓文社、81〜83頁）。

第一に、アメリカの精神分析理論の影響を受けた「病院や児童相談所で働く精神医療ソーシャルワーカーのエリート小集団」です。第二に、「保護観察官」です。「司法機関に直属している」「男性主体」の「専門職集団」です。第三に、児童保護に関わるソーシャルワーカーです。「新たな自治体サービスの中で、おそらく最も野心的かつ理想主義的なもので、精神医療ソーシャルワークや保護観察よりも早くから発展した」と述べています。第四に、老人や障害者やホームレスへの援助を主に担当していた「明らかに陰鬱で地味な」福祉部のワーカーです。1958

年の時点で、「若くて女性の多い児童保護サービスと比較して、大多数の福祉部の職員」は、専門職の資格を有しない40歳代から60歳代の男性です。第五に、施設職員たちであり、訓練を受けている割合は福祉部のワーカーたちよりもさらに低かったそうです。「１９６７年の『ウィリアムズ報告』によれば老人ホームの98％の職員」が全く訓練を受けていなかったそうです。

まとめますと、生活に密着し、直接、対人援助をおこなう施設職員やホームヘルパーの専門性に対する認識は、国家において本質的に低かったのです。資本にとってケアワーカーが生活の場で向き合う対象者は、労働力商品という価値的側面からみて低位です。あるいは、「自立」・「更生」という視点から見た処遇対象者です。同様に、その対象者に向き合う労働者に対して資本は基本的に専門性を認めようとしないのです。専門性が現実化するには、社会運動という主体的力量と、それを客観的に支える生産とその労働の社会化という条件の成熟が必要なのです。

8. イギリスにおけるホームヘルプサービス

(1) ＮＨＳ（国民保健サービス法）とホームヘルパー

ホームヘルプサービスについて言えば、１９４６年「国民保健サービス法」（ＮＨＳ）が制定され、地方自治体保健局に、妊産婦、障害者、高齢者等に対するホームサービスが委任されました。ホームヘルパーは制度上の位置を得たのです。

もっとも、地方自治体の義務として位置づけられたわけではありません。それにもかかわらず、ホームヘルパーが社会的な存在意義をもちえたのは、それだけ資本蓄積による高齢者の増大と貧困の激化が社会問題となっていたからです。すでに、１９４４年において、政府は地方当局に対して対象について、次のように勧告しています。①主婦が病気、または手術が必要なとき、②妻が入院中の夫に面会に行く必要があり、子どもの世話が必要なとき、③病弱な高齢者、一人暮らしで急病、④家族の何人かが同時に病気になったとき。ここで高齢者は、貧困に関わりなくホームヘルプの対象になるのです。

(2)「貧困の再発見」

１９６０年代になると、高齢化が進展する一方で、ベヴァリッジ計画に反して「貧困の再発見」が社会問題化していきます。１９７２年の地方自治体再編によって社会サービスを一体的に供給することがめざされました。自治体における対人福祉サービスの統合化を目的にした、いわゆるシーボーム改革です。この流れに伴い、従来は保健局で運営されていたホームヘルプも、パーソナル・ソーシャル・サービスの一環として社会サービス部の所管に位置づけられるのです。

社会サービス部は、ホームヘルプを個人ではなく家庭を単位としたサービスとして位置づけ、ホームヘルプオーガナイザーの責任の下で、家事援助を通して高齢者、成人慢性疾患、身体障害者、精神障害者、全般の在宅援助につかせたのです。ホームヘルパーは地方自治体、社会サービス部の在宅サービス部に位置づけられ、ホームヘルプオーガナイザーのコーディネートによるサービス供給が本格的に整備される段階に入りました。ホームヘルプが在宅福祉の中核サービスとして位置づけられたのです。

なお、イギリスが他国に先駆けてホームヘルパーの資格認定をおこなったのが、ホームヘルプオーガナイザーです。２年の専門教育を経て与えられるディプロマ資格です。

(3)「ホームケア」

１９８０年代に入ると、在宅高齢者の問題が社会的に顕在化し、地方自治体は、従来の家事援助を中心としたホームヘルパーでは不十分との認識から「ホームケア」を志向します。ホームケアとは、従来の家事援助を相談援助と身体介護において、次のような労働力を想定しています。ホームケアとして機能していくために、以下の要件を前提とします。第一に、例えば高齢者ニーズの類型化によって援助課題、方法、社会資源の連携を例示し、サービスを統合的に供給する体制です。第二は、専門職配置を組織していくことです。第三は、看護職、デイケアサービスの組み合わせです。第四に、例えば「近隣ヘルパー」のようにコミュニティの人々の参加です。

これらホームケアが機能していく要件が提案される時期は、ケント州がコミュニティケア方式を州全域に普及していこうとした頃と時期を同じくします。新しいコミュニティケアのあり方を提案し、実証したケアマネジメント方式による統合的なサービスの供給と費用対効果の考え方は、やがてグリフィス報告の理論的根拠となり、１９９０年のコミュニティ改革につながっていくのです。

9. 日本のホームヘルプサービス

(1) ホームヘルパー発祥と3要素（社会問題・社会運動・社会政策）

長野県上田市は、日本におけるホームヘルパー発祥の地として教科書などに紹介されています。「家庭養護婦派遣事業」（１９５６年）創設の背景として、時の県社会部厚生課長原崎秀司がとりあげられ、イギリスに滞在した経験を生かしていったことが語られます。しかし、設立の背景は、次の3要素（社会問題・社会運動・社会政策）から総合的に考えなくてはなりません。

一つは、乳幼児の「死亡率」や「母子心中」「失業」「傷病」などの貧困化です。

二つは、横内浄音（浄土宗呈蓮寺住職）を中心とした上田明照会の慈善的社会事業であり、その事業と一体となった関沢欣三（小児科医師）による地域医療、そして、その実践的基盤である住民、門徒の相互扶助です。

三つは、兵役と生産力の強化を目的とした「産めよ増やせよ」という社会政策であり、それと一体となった戦争による「未亡人」への労働力政策です。

これら生活問題、社会運動、社会政策という3要素が三位一体となって「家庭養護婦派遣事業」が生まれ、援助対象は児童とその母子対策に焦点がおかれていくのです。

(2)介護労働の実体――ソーシャルワーク

教科書などでは、母親の入院などに伴うボランティアがおこなわれていったことが述べられていくのですが、これだけでしたら、ホームヘルパーの実践はまさに衣食住への家事援助だということで、それに始まりそれで終わっていきます。

しかし、ホームヘルパーの実体は単なる家事援助ではなく、当初からソーシャルワークとして生活問題と向き合い、その人(要介護者)が大切にしてきた生活を再生していこうとしています。

例えば、上田市の「家庭養護婦勤務状況報告書」に記載されている実践内容です。いくつか紹介しましょう(『現代日本の在宅介護福祉職成立過程資料集』、第4巻、近現代資料刊行会、2014年、荏原順子「ホームヘルプサービス事業揺籃期の研究―長野県上田市における『家庭訪問ボランティア支援事業の背景』2006年9月第14回日本介護福祉学会報告)。

①「脳溢血」のひとり暮らし老人へ家庭養護婦が連日派遣されている例です。実践内容は「洗濯、掃除、お使い、裁縫、薬取り、薪割り、つぎ当て、昼夕食用意、手足腰をさする、病人の身体を洗う等々」生活全体にわたる柔軟な対応がなされています。

②世帯主の夫（50歳）は日雇い労働者です。妻の病臥に伴い、家庭養護婦は8歳と7歳の「子供の世話」や、「病人の身の回りの世話」をおこなっています。「子供の散髪」もおこなっています。「妻死亡、葬式の用意」のあと派遣中止となりますが、父子世帯となった家族のため再派遣されています。

③夫58歳は、金魚の行商などで生計を立てていましたが「中風で床に就いたまま」であり収入を得ることはできません。被保護世帯です。妻39歳は「腹膜炎の手術のあと痛み激しく療養中で寝たきり」です。長男は2歳です。援助内容は「ふとんの丸洗い、掃除、子供の縫い物、草むしり、子供の世話、戸棚・たんすの整理、食事の用意、薬取り等」です。

④世帯主は製材工であり月額６５００円程度の収入があります。妻は「重症」。高齢の母は「負傷」であり、かれらへの「身の回りの世話」が必要な世帯です。

⑤母子世帯で10歳、５歳の子供がいます。母が病気のため10歳の子供が家事一切をやっていました。そのため学校は「長期欠席」となり、登校させるために養護婦が派遣されます。

⑥ひとり暮らしの女性高齢者、70歳で視覚障害者です。被保護世帯です。４人の息子がいます。

長男43歳、次男32歳は住所不定で音信不通、三男は養子で他出しています。

以上、6つの派遣世帯と援助内容を記してきましたが、貧困と家事労働の崩壊を主たる契機とした生活問題総体への援助が原初的に展開されていることがおわかりいただけると思います。

(3)「家庭養護婦派遣事業」

さて、民生委員においても「世帯更生運動」にみられるように、低所得世帯への「怠惰・浪費癖矯正指導」「自立更生の精神・道義心の涵養《かんよう》、鼓吹《こすい》」指導が国家より要請されました。

1955年、上田市中央地区民生委員会において、乳幼児や孤老の生活援助を実践してきている「未亡人」が表彰されます。それは他の地区住民への波及効果を目的とした表彰ですが、その奉仕的活動を支援していくための「活動促進費」が市社会福祉協議会により事業協力されていきます。この地区住民の実践が、原崎秀司(当時、県社会部厚生課長)のイギリス視察旅行におけるホームヘルパーへの共鳴と相まって、翌年「家庭養護婦派遣事業補助要綱」告示に至るのです。

まとめていきましょう。家庭奉仕員派遣事業も政策である限り普遍的な住民要求が反映された側面と、社会政策としての側面という二面性をもっています。ホームヘルパーの政策的位置づけも、夫の戦死による「未亡人」への労働力政策です。

しかし、もう一つの普遍的な側面では、住民相互の共同体的要求にもとづく実践が、先の上田市「家庭養護婦勤務状況報告書綴」に記載されている内容のごとく展開されていることです。その生活援助には、家事労働の持つ全体性、個別性、地域性がいかんなく発揮されているのです。１９５６年には「家庭養護婦派遣事業」（長野県）へと制度化され、２年後には「臨時家政婦派遣事業」（大阪市）が制度化されていきます。その後4自治体（名古屋、神戸、秩父、布施）に広がり、１９６３年には老人福祉法において、居宅老人への対人援助として家庭奉仕員派遣事業が公的事業として位置づけられていくのです。

＊上記に関わって次の論文・資料があります。
・上田医師会史編集委員会編『上田医師会史』１９６９年／・上田明照会『上田明照会創立五十年史』１９７０年／・山田知子「わが国のホームヘルプ事業における女性職性に関する研究——１９５６年 長野市・上田市社協『家庭養護婦派遣事業』を中心として」『大正大学研究紀要』第90号、２００５年／・『上田市と共に歩んだ50年』上田市社会福祉協議会、２００６年／・荏原順子「ホームヘルプサービス事業揺籃期の研究——長野県上田市における『家庭訪問ボランティア支援事業の背景』」２００６年９月 第14回日本介護福祉学会報告／・西浦功「日本における在宅福祉政策の源流——京都市「遺族派遣制度」と大阪府高槻「市営家政婦制度」『人間福祉研究』№10、２００７年／・渋谷光美「老人の生活問題に対する社会福祉としての家庭奉仕員制度創設」『京都女子大学生活福祉学科紀要』第５号、２００９年／・『現代日本の在宅介護福祉職成立過程資料集』、第４巻、近現代資料刊行会、２０１４年

(4) 半封建制度下のホームヘルパー

日本のホームヘルプサービスは、欧米の先進工業諸国よりも半世紀以上遅れていたといえましょう。ホームヘルプサービスが始まった昭和30年代の中頃は、経済の発展段階からみると、

ようやく重化学工業社会へスタートした時期です。いわゆる昭和35年（１９６０年）秋の池田内閣による「所得倍増計画」の発表のころになります。ソーシャルワークが、重化学工業の段階になると家事労働から専門分化していくことは、すでに述べましたので省略します。特徴として、日本の場合、①「天皇制」や「家制度」という半封建的な制度のもとで自助・相互扶助が根強く存在していったこと。②ホームヘルプサービスの目的は、施設の増設より安くつくのではないかというコスト意識が強く、結局、被保護老人世帯を中心とした老人家庭奉仕事業として始められたということがあげられます。いわば、公的扶助の安上がりを追求したものであるといえましょう。保育を中心とする家庭奉仕員の制度が厚生省の児童局によって企画されましたが、結局、立法化はおろか、予算化もされなかったのです。イギリスの様に児童ではなく、非保護老人世帯を対象とした制度として発足したという点に、くり返しますが、日本の「家制度」という半封建的な制度とそれに規定された自助意識の強さを見ることができましょう。

１９５９年、オランダのWoudschotenで開催された国際ホームヘルプサービス協会の国際会議に日本で初めて参加した森幹夫老人福祉専門官は次のように述べています（森幹郎『ホームヘルパー』日本生命済生会社会事業局、１９７４年、49～50頁）。

「わたくしどもが資料を通して欧米のホーム・ヘルプ事業から学んできたことは、どんなクライエント（社会福祉の対象者）も最善の施設保護よりは次善の居宅保護を欲するものであること、また施設保護よりも居宅保護の方が経済的であること、この二つであった。もちろんこのこと自体は真理であり、今後も何人といえども否定はできないであろう。しかしこの思想の上にとどまるかぎり、ホーム・ヘルプ事業は消極の域にとどまり、救貧対策を脱し得ないといえよう。主題講演およびシンポジウムの演題の多くが示すように、いまやホーム・ヘルプ・サービスは老人個人、身体障害者個人のしあわせを追求するばかりでなく、家庭を全体としてとらえ、社会福祉の領域においてきわめて積極的な意義を持たねばならないからである」「わたしは多くのホームヘルパーから握手を求められた。そして『日本には母子を対象とするホームヘルパーはいないのか、どうして日本ではおこなわれないのか』と実に多くの人から質問された」「10年の間におけるホーム・ヘルプ・サービスの質的転換はまたその専門化をもたらした。いまやホーム・ヘルパーはソーシャル・ワーカーでなければならないというのである。ビー教授の講演、4分科会、4委員会の報告の多くにおいて、ホーム・ヘルパーの養成についてふれられているが、今日のホーム・ヘルパーは、いまや単にお手伝いさんではないというのである。『ホーム・ヘルパーの教育的・心理的機能』という言葉が何回も何人かの演者の口から出た」

介護福祉労働の源流をまさに、具体的に示す発言が、当時すでに存在していたのです。

「ホームヘルパー」という用語は当時の日本の行政用語としてはなじめないところから、「家庭援助員」、「家庭福祉員」、「家族援助員」、「巡回家政婦」などと提案される中で、結局は、「老人家庭奉仕員」という名称に落ち着きました。当初は、自治体による国庫補助事業としてスタートします。昭和38年、老人福祉法が制定され、老人家庭奉仕事業について、その第12条に次のように規定されました。

「市町村は、社会福祉法人その他の団体に対して、身体上又は精神上の障害があって日常生活を営むのに支障がある老人の家庭に老人家庭奉仕員を派遣してその日常生活上の世話をおこなわせることを委託することができる。」

もっとも、老人福祉法に位置づけられたとはいえ、市町村の固有事務であるという限界、さらに、民間団体に対しても委託することができるという旨を明記している限界があります。

昭和40年度から、派遣対象の経済的制限は「要保護老人世帯」から「低所得の家庭」へと拡大されました。さらに、昭和47年度からは「低所得の者（原則としてその属する世帯の生計中心者が所得税を課せられていないものをいう）」と改められました。

(5) 看護機能分化論

さて、介護福祉労働の看護労働への傾斜、あるいは、「介護」を「看護」の分化と説く論者は、すでに1950年代に展開されていたホームヘルパーの生活援助をどのように理解しているのでしょうか。それが本来、看護労働によって担われるべき労働だと理解するなら、看護の代替と理解されますが、現実は、家事労働による、生存・生活文化・家族の人格発達等の危機に際して、ソーシャルワークにつながる源流から介護福祉労働は生まれ発展してきているのです。

確かに、訪問看護の初期段階において、病気の母を看護するためには、調理や洗濯や子どもの世話が必要でした。暖房もなく伝染病に感染する危険のある生活環境であれば、その改善も必要でした。さらに言えば、看護は人間としての生理的文化的要求に根ざした予防、安楽を保障していくために、身体の清潔、排泄、食事、運動、移動、整頓、病室環境の調整（温度・湿度・採光・換気等）を、その実践内容に包摂しています。これは普遍性をもっています。

問題は、そこから看護実践の一部が介護福祉労働へ分化、代替していくことの指摘です。本来、看護機能であることを述べ、その機能が介護福祉労働へ分化したと規定する論調はいまだに根強いものがあります。確かに看護も介護福祉も、その労働対象は臨床的にみれば病人、障害者、妊産婦、老人、乳幼児などです。その生存権、発達権に共通して関わります。

しかし、くり返しになりますが、看護が疾病の状態から健康へ、苦痛の状態から安楽へ、無気力の状態から闘病姿勢を動機づけることを直接目的にして、その目的において、生活環境を問題にするのに対して、介護福祉労働は、衣食住という生活の基本のところに焦点をあて、そこから派生する生活問題を起点として、要介護者の生活文化、生存権・発達権を追求していきます。

人間は誕生から死に至るまで、生活過程を積み重ねるなかで、全人格的発達を社会的に形成していきます。それが貧困や身体的・精神的障害等によって、人間として社会的平均的に保障されるべき生活水準が劣化していく。家族構成員の人間としての発達過程が希薄になる。その主たる社会的契機は、家族構成員の生存、発達を担ってきた家事労働の脆弱化でした。家事労働による生存・生活文化・家族の人格発達等の機能の脆弱化に際して、そうした人々の生活過程を総合的にとらえ、社会的・平均的な生活水準、人間発達にとって獲得されるべき生活の場を個別的・集団的に創造してきたのがソーシャルワークです。その射程は家族から地域へと広がり、介護福祉は、そのソーシャルワークの一環として生まれてきているのです。

もっとも社会政策として見れば、日本の場合、「介護保険法」「社会福祉士及び介護福祉士法」によって、安価な看護代替策として生まれました。問題は、その現象的な点のみで判断し、一方において、安価な看護代替策としての「介護」を政策的に規定し、他方では、社会政策や生活問題から切り離して、「介護」を「看護」からの分化として機能的に説くことは、ソーシャルワークという介護福祉労働の源流を見失っていくことです。さらには、介護福祉士、社会福祉士へと分断され、今日に至っていることを見失っていくからです。

介護福祉の普遍的特性と歴史的特性を分析することなく、現象面から、ある場合は機能的に、ある場合は政策的に規定していくのです。後者の政策規定は、社会政策を反映させる一定の社会的意義を持つかもしれませんが、介護福祉の普遍的特性を無視することになります。前者の看護の分化論は、介護福祉の源流を誤ってとらえるだけでなく、政策的に規定された介護福祉労働の実体が反映されない機能分化論として終わってしまいます。

総じて、生活援助というソーシャルワークの中核的意義を無視するか、あるいは知らない限り、介護福祉労働の本質は、社会福祉士及び介護福祉士法に規定された三大介護に集約されるでしょう。いや、それがさらに、医行為を介護業務として規定するところまで進展してきているのではないかと思われます。

10. 介護保険制度の本質と介護福祉労働

これまで、資本主義段階においてソーシャルワークが、どのように、公的な専門の有給職として社会的に確立していったのかについて述べてきました。さらに、生活に密着し、直接、対人援助をおこなう施設職員やホームヘルパーの専門性に対する認識は、国家において本質的に低かったという背景をのべてきました。

しかし問題は、それで終わらないのです。さらに、社会保障における私的保険原理が主流になると、介護福祉労働はさらに変容していくのです。

(1)介護保険制度の本質

介護保険制度は、介護を公的保障からいったん外して(措置制度の廃止)、介護サービスの供給を国ではなく市場に委ねました。

介護市場は、買い手がいないと事業から撤廃しますので、国は介護サービスを利用するための、いわば市場参加のための現金を要介護者に提供します。ただし、必要介護費用の全部ではなく支給限度額内での、いわば保険でいう補償であるということです。しかも、現金補償の対象はあらかじめ選定されています。すなわち、要介護認定ソフトが内在している介護要件が整う要介護者が基本的に保険対象として選定されるのです。そのうえで、利用料という対価を支払ってサービスの利用権が発生するのです。その市場参加のための補償システムに対応して、ソーシャルワークとは言い難い新たな機能がソーシャルワーカーに求められました。

すなわち、コストを最重視したサービス内容の定型化・限定化・選別化を担うケースマネジメントです。

「介護報酬の引き下げは要介護者の負担減につながる」という意見があります。しかし、介護報酬を引き下げるということは、保険で補償する水準を引き下げることなのです。介護事業者が、引き下げられた介護報酬で、必要介護の提供を維持できないのであれば、利用者からの費用徴収で介護水準を維持せよということになります。要介護者にとっては最低必要介護部分への市場原理の拡大です。低所得階層の切り捨てと言い換えてもよいでしょう。

これは国民にとってきわめてわかりにくい社会制度です。介護保険の利用者にとって給付は現象的には現物給付です。さらに、支給限度額によって制限されていることは実感し得るのですが、要介護者の必要介護部分への市場原理が合法的に拡大していることを理解することは困難です。現金給付と現物給付の二重性は、合法的に、かつ、要介護者にとっては識別しにくい方法で、介護における市場原理をより強化、拡大していく機能を潜在的にもっているのです。この機能を合法的に体系化したのが介護保険制度に他ならないのです。

より重要なことは、要介護認定者の介護費用を、国が部分的に補償するという形態をとることによって、国の生存権保障という問題の本質が、現象的に消え去っていくことです。

このもとで介護福祉労働者はどうなっていったでしょうか。

(2)ソーシャルワークから分離された介護福祉労働

専門職化は介護福祉労働者にとって長年の悲願でした。その思いは、より正確に言うと、国家資格として公的にその専門性が認められていくことでした。

しかし、結果は、量的確保という大義名分によって名称独占にとどまり、実質、無資格でも福祉職につける現状は変わらなかったのです。問題はそれだけに止まりません。戦後、公務労働として不十分ながらも発展してきたソーシャルワークが、社会福祉士と介護福祉士に分断されていったのです。さらに、介護福祉士は、当初の「法」による規定にみられるように「入浴、排泄、食事」に関わる身体介護に特化した労働へと位置づけられ、本来の特性であるソーシャルワークは見失われていくのです。

介護福祉士は職能集団としても、社会福祉士と分化していきます。すなわち、一方のワーカーは「援助」をどのようにマネジメントするか、その裁量権の行使と、関連して現金給付による生活管理をおこないます。他方、肝心の要介護者の対人援助サービスを直接実施する労働者は、低賃金不安定就労者であるケアワーカーに委ねられるのです。

本来、ソーシャルワーカーは、地域や家族に密着し、生活実態を見極めます。それだけではなく、直接、対人援助をおこないます。これが一体となって総合的に実践される必要があります。それが、私的保険原理のもとで崩れていくのです。端的に言えば、ソーシャルワーカーの仕事が現金給付と現物給付に二分化していくのです。それは単なる分業ではありません。介護保険という私的保険原理に沿った分業を強制されていくのです。連携は大切だといわれるかもしれませんが、そこに職種の格差をつけたり、たとえば、「わたしは現金給付、相談業務、あなたは対人・肉体労働」というように分化してしまうなら、どうでしょうか。

問題の根底は、介護福祉の持つ「共同性」という普遍的な本質を、資本主義が相容れないということなのです。貧困という極めて矛盾に満ちた方法でしか、あるいは、細分化された単純部分労働として労働者の発達を歪めていくことでしか、介護福祉労働者の数と利用者を増やすことができないという矛盾です。

資本にとって、労働力商品として「有能」な人材を育てる労働力しか評価しない、高齢者や障害者が自らの全人格的発達をめざすための援助そのものに専門性を認めようとしない、それが本質的な問題点なのです。そうだとするなら私たちは何を実践すべきなのか、ここにかかってきます。

第6章 介護福祉労働の未来を切りひらくために

本章で、まず述べておきたいことは、非正規雇用をめぐる問題と解決の鍵は、介護福祉労働者の労働条件の底上げであるということです。非正規雇用をめぐる問題は、今や、特定の人々の問題ではなく、圧倒的多数の労働者が共有する社会問題になっています。この社会問題を打開していくには、介護福祉労働者の組織化が大きな要因になっているのです。

介護福祉労働者は、その性別および労働者数と雇用形態において非正規雇用の典型といえましょう。産業・雇用構造の転換に伴い不安定就労が一般化していくなかで、その矛盾が労働運動面でも、生活面でも集中的にあらわれているのが、実は介護福祉労働者であり、とりわけ女性による不安定就労として典型的な職種がホームヘルパーなのです。

ホームヘルプ労働は女性に限らず、外国人、高齢者、若者など相対的過剰人口のプールとなっています。その労働は、不払い労働（移動、記録、協議等）、労働強化（時間に縛られた過密労働、ストレスの増大等）、労働時間の外延的拡大（残業、休日出勤、自宅への電話等）が深刻化した不安定就労の典型です。そして、少しでも良い労働市場を求めて流動化する介護福祉労働者間の競争は結果として介護福祉労働者の低賃金市場を拡大させてきています。

介護福祉労働者の現状と組織化を考えていくためには、産業・雇用構造の転換と労働過程の変容をどのように分析するかが問われています。それは、今日のキャリア段位制度(後述)や生活援助切り捨てにみられる、介護福祉労働の変容につながっているのです。

まず、産業・雇用構造の転換と労働過程の変容から見ていきましょう。

1. 多国籍企業の経営戦略に組み込まれた労働形態

(1) 「世界一」と過労死はメダルの表と裏

1995年前後から、日本の社会保障と雇用形態が大きく転換していきます。

第一に、日本の大企業は、「過労死ニッポン」と呼称されるほど、世界でも稀な低賃金・長時間労働によって莫大な利潤を得てきました。資本による利潤の追求に国境はありません。乾いた雑巾をさらに絞るがごとく、日本の労働者を酷使した後、今度はさらにより安い労働力を求めて海外に進出します。いわゆる多国籍企業です。たとえば、インドネシアやフィリピンで工場を経営し、以前は国内で作ってアメリカやアジアに売っていた物を、東アジアに直接進出して自動車や電化製品を作り、直接販売するのです。日本に税金を還元しないどころか、円とドルの差益でもうける、そして海外で生産したものを日本に逆輸入させます。自動車や電気製品を中心に輸出型の産業構造で大もうけするという構造へと様変わりしていきます。たとえば、トヨタは２００７年、生産実績の見通しが９５１万台となり、ＧＭ（ゼネラル・モーターズ）の９２６万台を抜いて、初めて世界一になりました。

しかし、トヨタ自動車で働いていた内野健一さんが過労死した事件に関する裁判も見失ってはなりません。世界一と過労死がメダルの表と裏に存在しているのです。

大蔵省や日経連、経団連らの団体は、今の不況の中における日本の労働者の賃金や雇用の保障、年金等は、たとえばタイの労働者と比べればあまりにも高くつきすぎると考えるわけです。ここから高コスト構造の見直しという大合唱が始まります。日本の企業が、世界の中で競争力を取り戻し、もう一度昔のように世界に飛躍するためには、医療や福祉にお金をかけたり、働く人の賃金や雇用を保障したりするのには、高くつきすぎるので、容認できないとして、そのための戦略を、90年代半ばから本格的に取り組み始めていくのです。

具体的には、多国籍企業の経営戦略に都合の良いように、国内において非正規雇用が徹底的に活用され、多国籍企業は空前の利益を上げていくのです。そのモデルとなったのが、労働法制の規制緩和を進めてきたアメリカです。問題は非正規雇用の活用だけではありません。

(2) 多国籍企業の保護育成こそ、国・財界のねらい

第二に、大切なことは、橋本内閣以降、顕著に現れてきた構造改革の実体である多国籍企業の保護育成こそ、国・財界が公費負担制度を見直す根源的な要因であるということです。

社会保障も教育も行財政も賃金も、戦後の構造から転換しようという動きが活発になっていきます。同時に、法人税の引き下げや消費税の引き上げが多国籍企業のために推進されていきます。これまでの年功序列賃金や終身雇用、さらには社会保険の企業負担分の保険料、年金の保険料など、企業にしてみれば全て高くつくということで全部見直されていきます。

第三に、日本の労働者はわずかな基幹部分を日本に残して、主流は外国に移っていきます。日本では、2010年、完全失業者が356万人ですが（統計局・労働力調査）、この数に近い数字が海外の日本系企業の雇用労働者数となっています。1989年には116万人、2004年には406万人、4倍近く増えています。

第四に、不安定就労の増大は結果として、労働組合離れにつながっていきました。組合員数の減少（平成23年6月30日現在における単一労働組合の労働組合数は2万6052組合、労働組合員数は996万1千人で、前年に比べて、組合数は315組合の減（1.2％減）、組合員数は9万3千人の減（0.9％減）となりました。女性の労働組合員数は295万8千人で、前年に比べ6千人の減（0.2％減）となりました。『平成23年度労働組合基礎調査』）もさることなが

ら、非正規職員と正規職員の擦れ違い、組合への不信など矛盾が様々な形で表れてきています。

非正規労働者の声は深刻です。「あまりの低賃金で組合費が払えない」「病気になるのも酷暑のなかで働くのも生身の人間だから、正規も非正規も一緒、だのに10年続けて、1円の時給アップがない」「有給が保証されない」「非正規の研修がほとんどない」「『パートさん早く帰れていいね』など正規職員から言われる」「利用者が入院するとたちまちその月の赤字が心配になる」などです。

まとめていきます。

冒頭で、介護福祉労働者の組織的な結集が弱くなった要因として実態面からいくつか述べました。その社会的要因は産業・雇用構造の転換に伴う不安定就労の一般化にあると述べました。その矛盾が運動面でも、生活面でも集中的にあらわれ犠牲を強いられたのが、実は介護福祉労働者であり、とりわけ不安定な女性の就労として典型的なホームヘルパーだったのです。

だからこそ、私たちは労働組合運動においてホームヘルパーをはじめ、介護福祉労働者の組織化を重視することを一貫して強調してきたのです。

話を続けましょう。国は、パート労働を主要形態にするために、どのような下ごしらえが必要でしょうか。単純に「時間決めの労働」をセットすればよいというものではありません。以下、その手法を、非正規雇用の典型である介護福祉労働を例にして述べていきます。

2. 労働過程の再編による分刻みの単純部分労働とその労働報酬

労働者を時間決めで雇用するためには、まずは全体の作業工程を分析し、一旦部分作業に分け、どうつなげていくかを考えなければなりません。

(1)労働過程の細分化

本来、「連続性」「個別性」を特徴とする介護福祉労働の労働過程をなぜ細分化しなければならなかったのか、それは厚労省が語るように単に「ケアプランの標準化を図るため」ではありません。目的はどこにあったのか。まず、「連続性」「共同性」を属性とする介護過程が一旦、大根の輪切りのように細分化されます。そして、「特定」の要介護認定者に「直接」「対面」しておこなわれる身体介護を中心に組み直されていきます。生活援助(家事援助)は、身体介護をおこなうための付帯条件として「必要である」と政府が認定した限りにおいて「介護」として評価されます。

こうして、「対面」「身体介助」を中心に組み直されていくときに、欠かすことのできない連続性のある介護の多くが切り捨てられていきます。単に切り捨てられるのではありません。要介護者の内的な発達意欲にかかわる介護場面が切り捨てられていくのです。たとえば、摂食に要する介護は評価されても、その摂食場面に至るまでに必要な閉じこもり、拒食、アルコール依存症などへの働きかけは評価されません。手話も傾聴も介護として認められません。たとえば、視聴覚障がい者の仲間が多い施設で働いている職員は、彼らとのコミュニケーションをとるために、通常の何倍もの時間をかけておこなっているのですが、それらの時間は、介護報酬上、介護とはまったく認められないのです。視聴覚障がい者は動けるということで、要介護認定においては低く評価され、介護報酬は全体として低くなっていくのです。

さらに、今日、生活援助の切り捨てが大きな問題になっていますが、政府の介護観とそれにもとづく要介護認定においては、家族・所得・住宅などの社会的要因はもともと切り離されて考えられているのです。介護の対象は社会関係から切り離された身体とその機能なのです。そのうえで、分刻みの単純部分労働とその労働報酬をしくみがつくられてきているのです。

(2) 労働対象の特定化・サービス投下量の限定化

労働過程が細分化されただけでなく、働きかける人々とその対象も、政府の意図に沿って特定化され、なおかつ、その介護サービス投下量も限定されていきました。「支給限度額」という縛《しば》りのなかで、労働内容において、あれをやったらいけない、それをやっても介護報酬として認めないなどと規制されていきます。

結果として、観察、記録、コミュニケーション、カンファレンス会議等、介護過程を構成する本質的な労働が、介護報酬として評価されない労働として政策的に切り捨てられていったのです。

(3)介護福祉労働の定型化

労働過程が細分化され、労働対象が特定化・限定化されたうえで、介護福祉労働は定型化されていきます。あたかも、M会社のハンバーガーが「だれが作っても味は一定のおいしさ、安い、早い、無休」を売り物にしているように、一部の訪問介護事業所においては「だれが訪問しても仕事の中身は定量・定質、短時間に多くの仕事を、早く片付けていく」ことを売り物にするようになりました。ヘルパーの質を問うというより定型化された労働の実施が求められるのです。それは定量・定質ならぬ低量・低質に「標準化」された労働の定型化であるといえましょう。

(4)「混合介護」「混合医療」という市場の拡大を低賃金労働者の育成によって推進

以上は、日本の介護保険制度がよくいわれるようにドイツをモデルにしているのではなく、アメリカのマネジドケアに準じて制度を組み立てているからです。

マネジドケアとは、医療現場において市場原理を強化することを基本につくられている「医療費管理・抑制システムの総称」です。目的は文字通り「医療費を削減することにある」と言われていますが、実体は医療産業の膨大な利潤追求とそのための医療コストの削減です。それによって国は、医療市場の育成と「医療費」の増大という矛盾した課題を絶えず背負うことになります。

日本の健康保険制度は、医師がおこなう医療行為に応じて医療費が積算されていく「出来高払い」と呼ばれる制度が中心でした。しかし、今や、病院、とりわけ急性期の病院では、DPC制度という入院医療費の包括支払い制度が導入されてきています。医療費が積算されていくという、これまでの計算方法ではなく、傷病の種類ごとに医療費が決められる制度になります。諸外国では傷病名に対して「一入院当たりいくら」と医療費が決められる国が多いのですが、日本で導入されたDPC制度では、今のところ傷病名に対して「一日当たりいくら」という決め方になっています。すなわち、日本のDPC制度では、入院日数が短いほど医療費の負担が少なくてすみます。平均在院日数をいかに短縮するかが、病院、とりわけ、急性期病院の経営を左右する大きな要因になろうとしているのです。

厚生労働省は、DPC制度導入の効果を測定するために、各病院のMDC（主要診断群）別の「平均在院日数」とともに、「患者構成の指標」と「在院日数の指標」を毎年1回算出し、診療報酬制度を検討する専門部会で報告しています。

提供する医療内容を最低限に包括化し、その限度額を超えたら全額自己負担、言い換えれば医療産業の市場に委ねるしくみです。こうしたしくみを完成していくための最初の取り組みが介護保険制度だったのです。介護保険制度は支給限度額で、あらかじめ補償内容を制限し、それ以上は介護市場に委ねます。国の責任ではなく自己責任です。当初の対象は慢性疾患でしたが、今や、亜急性期の患者が（要介護度３以上）がターゲットになっています。この点は、すでに述べましたのでくり返しません。

アメリカではＨＭＯ(Health Maintenance Organization)ないしＰＰＯ(Preferred Provider Organization)を指して、マネジドケアと呼ぶことが多いです。ちなみにＨＭＯとは、医療保険の基金と、患者、医療機関を組織し包括医療サービスをおこなう保険機構です。その創設は民間保険会社や病院、企業などがおこなっています。

マネジドケアの主たる方法は次の内容です。①医療コストが高くつく入院・救急受診・専門医受診に際しては「ゲートキーパー」と称される主治医の了解・同意を患者に義務づける方式②医者が患者に提供した医療内容にかかわらず、患者数に応じて定額払いを医師に保証する「人頭払い方式」③医師の医療行為を医療コスト面から管理し、医師としての裁量権に制限を加える「利用度審査」④医療費のかさむ症例（在宅の喘息、糖尿病、末期の患者等）に対する「症例管理」などがあります（注：石田一紀・住居広士『納得できない要介護認定』萌文社、１９９９参照）。

(5)短期利益追求型・過程ではなく結果重視型の労働

本来、介護福祉労働は、要介護者の内面的要求の把握にもとづき、介護目標の見直しやその過程が重視されなくてはなりません。結果が生じるまでに長期の取り組みを要します。

しかし、今日の事態は逆です。重視されるのは「やったか、やらないか」という結果であり過程ではありません。たとえば、「おむつを何回、変えたか」という数に裏付けされたものであり、内面ではなく外見的識別による評価なのです。同時に、短期利益を重視した経営へと移行していった事業所も少なくありません。いいかえれば、労働者個々人の自己責任を基本とした、競争原理に規定された部分労働・過重労働が押し付けられていくのです。

(6)介護福祉労働者の競争の組織化、流動化、孤立化

介護福祉労働としての主体性、介護評価における自立性が奪われていくことによって、少なくない介護福祉労働者が、「燃え尽き」「流され」「働きがいを喪失」していきました。

他方で、「キャリアアップ」の名のもとに個々人の競争が組織化されていきます。雇用の不安定さ、賃金の低さを自力で解消していこうと、少しでも目標に近い地位、職場をめざしていくのです。結果として、介護福祉労働者の労働力の流動化が顕著《けんちょ》になりました。

3. 介護労働の「機能別・行為別」分類

問題は、それで終わりません。介護コストのさらなる「効率化」というより、「混合介護」の推進です。「混合介護」とは、要介護者が必要とする介護に対する国の補償内容をできるだけ限定しようとするもので、その分、介護市場への需要が拡大されます。根本的には、医療コストをかぎりなく削減し、かつ、医療における市場原理をおしすすめるための受け皿として介護が再編強化されていくというものです。そのために、２００７(平成19)年、社会保障審議会答申をうけて、訪問介護の行為内容に関する調査がおこなわれています。これは、訪問介護に関する介護報酬体系の機能別再編に向けた調査研究です(「訪問介護の実態及び効率的なサービスのあり方に関する調査研究事業報告書」)。類似の調査は、１９９８(平成10)年に着手された「ホームヘルプサービスにおける身体介護の標準的な実施手順と所要時間」に関する調査研究があります。

いずれも、調査目的は、ケアごとの標準的な実施手順と所要時間を測定し、介護コストの効率性を追求していくことにあります。

政策側は、①介護という総合的な労働を単に分単位の部分労働にしていくだけでなく、②介護保険で補償できる範囲をさらに限定し（介護市場の拡大）、③政策側が担ってほしい介護行為を最低限に組み合わせ、④低コストですませるために包括払い（定額払いの介護報酬を設定）を追求したいのです。そのためには介護福祉労働を「行為別・機能別」に分類したケアパックとその実践の画一的なマニュアルが必要だったのです。

本来、介護保険制度は、アメリカで開発されたマネジドケアの日本型展開であり、上記はその一環といえましょう（注：「人間発達と介護労働」第2部第4章／かもがわ出版参照）。

ただし、介護要求は共同性を基本に、歴史性、個別性があり、その要求も変動性、緊急性があり、そして、生活という連続性のなかで具体化していきます。さらに、所得・住宅・家族などの歴史的・社会的要因を無視して画一的にケアパックを提供することはできません。何よりも介護要求は人間の生命にかかわります。

こうした介護要求の特性は、政策側の調査結果において現れています。２００７(平成19)年度の調査は、これまでの検討結果をふまえ、訪問先における介護行為のタイムスタディと映像記録、そして、サービス提供責任者を中心とした訪問先以外での業務時間調査をおこない、介護福祉労働の「機能別・行為別」分類を検討しようとしました。もっとも、調査研究結果のまとめにおいて、次のように指摘せざるを得なかったのです。

介護サービスを標準化していくとしても、次のような「変動要素」があるため「個々のケースで流れに変動が生ずる」というのです。その「変動要素」とは、①サービス利用者の身体状況、②介護員の熟練度、③掃除等の生活援助行為が予定時間内での介護行為のどこに組み立てられ調整されるか、という三点です。そして、今後の課題として、「変動要素（介護員の熟練度、サービス利用者の身体状況等）が多く、調査目的の明確化、調査・分析の手法の検討及び検証ならびに調査対象ケースの絞り込み等をおこなった上で、今後の研究が必要」と述べています。

しかし、政府はさらに、２０１１(平成23)年10月、介護報酬について審議していた社会保障審議会介護給付費分科会において、周知のごとく生活援助の時間短縮を打ち出し、その根拠に、株式会社ＥＰの「訪問サービスにおける提供体制に関する調査研究事業」（平成23年度厚生労働省老人保健健康増進事業）を用いました。本来は老健局振興課で実施されたものを、生活援助の行為別・機能別サービス提供時間調査として政策的に活用したのです。

同調査結果で注目されたのが、「洗濯」の平均サービス提供時間の「16・６分」です。厚労省はこの調査を根拠に、「(掃除や洗濯など)一つの行為は15分未満ですむ場合もあり、組み合わせによっては30～40分程度になる」とし、生活援助時間の区切りを「45分」にするよう提案したのです。

同調査における、①母集団の設定、回収率等、統計上の基本的問題もさることながら、②洗濯一つにしても生活様式や住宅、所得をはじめとした介護を規定する社会的要因が相変わらず切り捨てられています。③時間調査も直接、関与している時間の計測であり、本来、求められるべき必要介護時間の総和が視野の外に置かれています。たとえば、要介護者の今の思い、身体的状況をどのように総合的に考慮しながら洗濯機に向かい、その行為をどのような要介護者の思いにつなげていこうとしたか、その過程とつなげていくために総体として要する時間、その個別性、あるいはそこに現れた介護福祉労働者の利用者理解の見直しの有り様、こうした変動性が時間の経過において総合的に問われるのであり、この意味で介護行為は個々で成立しているのではありません。要介護時間も総合的であり、相対的です。④2007(平成19)年の調査(「訪問介護の実態及び効率的なサービスのあり方に関する調査研究事業報告書」)で論点とされた介護行為の目的も反映されていません。

このように、生活援助を短縮する「根拠」がないにもかかわらず、生活援助の短縮が強行され、今や、要介護者の生きがいや生命そのものが危機に瀕しています。

4．要介護認定の変遷と「軽度者」切り捨て

(1)「軽度者」といわれる人々こそ、要介護状態が社会的に潜在化している

介護保険制度の本質、問題の根幹は、コンピュータシステムを基本とした要介護認定にあります。以下では、その変遷を辿っていき、いかに巧妙に人の命そのものが切り捨てられてきて

いるか確認していきたいと思います。

「要支援」の要介護認定者約150万人（2012年2月時点）が介護保険制度の枠外におかれていきました。政府はそうした人々を「軽度者」と表現します。与える印象として、介護の必要度が少ない人々を想起してしまいがちです。しかし、実態はそうではありません。

次の詩は、わたしの尊敬する森川京子氏の作品です。

アパートの一室で

森川　京子

私は　自分の考えを人に押しつける事は　しません。
その人は考えて　それが一番いいと思ってやっているのですから。
ただ　人に何かしてもらったら　どうやってその人に　お返ししたら
いいのか　それを　考えるのは　大変ですから
私は　一人でいるのが　一番気が楽でいいです。

近くに　息子夫婦が住んでいます。
朝と夕に　顔を出して　生きているか死んでいるか　見に来てくれるだけで

ありがたいです。
生きていれば　ニッコリ笑ってありがとうと言えますし　死んでいても
たぶん　ありがとうとは　言っているでしょうね。

私は退院してから　半年あまり　おふろに入った事が　ありませんでした。
夕方に一回　息子がオムツを替えにきてくれるまで私はできるだけじっとしていました。布団
が重かっただけでなく　少しでも腰を浮かせると
床ずれがしみて痛かったのです。

私は退院してから　缶詰の栄養ドリンクだけを　飲んでいます。
これは　市からの支給品ですし栄養もあります。
今まで一度か二度　息子の嫁が　粥やうどんを　煮てくれた事がありましたが
私はこの缶詰のほうがいいと言って食べなかったのです。
息子も嫁も　仕事が忙しいのですから　私はどんな御飯を食べるより
人を煩わせる事のほうが　辛いのですから。
慣れてしまえば　この缶詰もけっこうおいしいものです。

年寄りというのは　夜中にブツブツ独り言を言います。
ほんとの寝言の事もありますが　そうでない事もあるのです。
へたくその人生を九〇年　生きてきましたから　話がたくさんあるのです。
誰かが聞いていなくてもいいのです。
だけどどこかで少しは　漏れていくかもしれませんからね。

あなたの作ってくれたお粥は　塩の加減が丁度よかったですよ。
若いもんは　冷めてしまえば　お茶も水も同じだと言いますが　お茶はやっぱり　冷めてしまってもおいしいですよ。
年寄りは　お茶が好きなのです。
あと一杯ここに置いておいて下さい。

忘れてはならないことは、要介護認定においては、「社会的弱者」の要介護度が正確に反映されないことです。たとえば、移動や移乗の機会がない「寝たきり」状態であっても、「介助」自体が発生していないという理由で「自立」とすることが訪問調査員に指導されます。「買い物」「簡単な調理」等が「できない」「していない」にもかかわらず、「自立(介助なし)」となっていくのです。さらに、介護保険制度においては、保険料は自動的に徴収されても、介護サービスの利用は、先に「申請」ありきです。家に閉じこもりがちで、要介護状態どころか、その存在さえも地域において潜在化し、孤立している人々にとって、制度の活用は思いもよらないことでしょう。要するに、「軽度者」といわれる人々こそ、要介護状態が社会的に潜在化しているのです。

①コミュニケーション支援がもっとも求められる高齢聴覚障害者

②身体的可動性からみて「自立」ないし「要支援」と判定されがちな認知症の人々

③知的・精神・内部疾患のある高齢障害者、あるいは知的ないし精神障害のある子どもと同居している高齢障害者

④孤老、老老介護の世帯

そうした人々を、政府は「地域包括ケアシステム」という名のもとに介護保険制度から切り離そうとしているのです。

(2) 要介護認定システムの変遷

これは今に始まったことではありません。「軽度者」切り捨てをはじめとした介護給付の「適正化」は、主に次のような方法によって実行されてきました。①要介護認定の適正化、②ケアマネジメントの適正化、③自治体の介護サービス事業計画の適正化、④事業所のサービス供給・

介護福祉労働の適正化、⑤介護報酬の適正化、⑥利用料・保険料の支払いをはじめとした自助・自己責任の徹底、以上の六つの方法です。そのなかでも、要介護認定システムはその根幹を担い、いわば介護保険制度の本質を体現しています。以下、その経過を振り返ってみましょう

1．「軽度者」切り捨ての第一弾です。2002年度に、要介護認定の「改訂」がおこなわれました。コンピューターによる「第一次判定」で使用される要介護認定ソフトは介護過程を約320項目で分析していました。これを改訂版では181項目に減少させたのです。われわれが批判してきた一次判定ソフトによる実測ADLケア時間と推定ケア時間の分布の精度を上げていくためです（『人間発達と介護福祉労働』181頁参照）。しかし、見せかけの修正に走った結果、要介護認定ソフトが内包している問題点、すなわち、対面身体介護時間に偏った基準時間という問題点がより激化していったのです。その被害者こそ、「軽度者」といわれる人々でした。

「軽度者」切捨てに関わって要介護認定ソフトは、根本的に次の点が問題です。要介護認定等基準時間を設定していくためのタイムスタディにおいて、在宅の要介護者は調査対象から除外されていることです。要介護認定ソフトは、介護保険三施設（介護老人福祉施設〔特別養護老人ホーム〕、介護老人保健施設〔老人保健施設〕、介護療養型医療施設）の入所者を対象に作られています。しかし、要支援1や要支援2の人々のほとんどは在宅です。これらの人々の要介護の実態が反映されていない認定ソフトなのです。言い換えれば、要介護認定のために欠かす

ことのできない要介護者の家族・所得・住宅等の社会的要因が切り捨てられているのです。

2．こうした問題を内在したまま、次の２００６年度「改正」において、要介護認定コンピュータソフトに新たに付け加わったのが、新予防給付該当者を抽出する機能です。第一次判定と介護認定審査会の審査判定との違いによる支障をなくすため、「蓋然性」の名の下に、認知度自立度評価ロジック（樹形モデル）を作ったのです。すなわち、要介護1相当と判定された人々を、要支援2と要介護1に振り分けるシステムを作り、「社会的弱者」の締め出しを強化したのです。要介護から要支援に変更されたことで、これまで利用していた訪問介護サービスが受けられない、あるいは時間・回数が制限されるなど、生活援助への規制がより強化されました。さらに、要支援1、要支援2、および要介護1については、車椅子がレンタル対象から除かれ、通院乗降サービスの利用者負担が増加しました。要介護高齢者の多くは低所得であり、移動手段を持たない人が多く、結果として、生活のための「足」が奪われ、閉じこもりを余儀なくされました。

3．２００８年には、訪問調査を介して、「要支援1・2」ないし「自立」へと要介護認定が変更され、「軽度者」の介護サービス利用がさらに規制されていきます。２００８年8月、「第6回要介護認定調査検討会」において、「認定のバラツキを少なくする」という目的で、新しい要介護認定調査項目が承認されました。現行の82のチェック項目から「電話の利用（ができない）」「皮膚疾患（がある）」などの14項目を外し、新たに「自分勝手に行動する」「買い物（ができない)」などの6項目を新設し74項目に変更しました。この時点で、見逃してはならない問題点は、2006年版にはなかった「介助の方法」(移動・排便・着脱・薬の内服など)による判定基準が強化されたことです。その結果、たとえば老老介護等のため介護力が脆《もろ》くて、「買い物」「簡単な調理」等が「できない」「していない」にもかかわらず、現実に「介助」自体が発生していないという理由で「自立(介助なし)」とすることが訪問調査員に指導されます。「要支援1・2」へ変更され、介護サービスを縮小せざるを得ない要介護者が増大していったのです。

4．厚労省は2009年、「要介護認定平成21年度改正案」において、当時、5対5の割合になっている「要支援2」と「要介護1」の利用者割合を、要支援2を増やすことによって7対3とし、軽度者切り捨てを進めようとしました。

すでに、2006年の「改定」で、新予防給付を創設し、一次判定で「要介護1相当」とされた人々の7割を、予防給付の「要支援2」に振り分けていくことを政策化していました。しかし、現実にはそのようにならなかったのです。利用者割合を7対3にするためには、要介護認定審査会の判定基準を制約する必要があります。そのため、要介護1と要支援2の判定ができる一次判定ソフトを作成し、当初、予定していた7対3に近づけようとしたのです。要介護1と要支援2の判定をもとに一次判定ソフトがおこない、認定審査会は、それを追認する流れを作ろうとしたのです。

さらに、要介護認定審査会による主体的な判定を規制するために、「要介護度変更の指標」を審査資料として掲載しないことにしました。要介護認定審査会では、訪問調査員の特記事項や医師の意見書に加えて、「要介護度変更の指標」は判定の裏付けとなる大切な資料でした。それが削除されたのです。

5．要介護認定方式の見直しによる「軽度者」切り捨ては、要介護認定結果をめぐる国民の世論によって後退せざるを得ませんでした。2012年、政策側が次に打ち出してきたのが、介護保険の運営主体である保険者＝地方自治体の主体性という名の下に、実質的に介護保険の対象外へと「軽度者」を切り捨てていくことでした。この「見直し」を象徴する事業が「介護予防・日常生活支援総合事業」です。この事業のもとで介護給付は利用者の意向というより、市町村が決定した基準に沿った地域包括支援センターをはじめとしたケアマネジメントによって決定されます。現時点で、すでに介護予防給付ではなく地域支援事業にシフトされる傾向が現れています。たとえば、認知症や一人暮らしの閉じこもり対策として地域に「ふれあいサロン」などの寄り合いの場を数多くつくり、そこで住民のボランティアやNPOを活用する政策です。他方で、商品の宅配サービスや弁当をはじめとした民間業者を開拓してきています。自分らしい生活を維持していくためにもホームヘルパーの派遣を多くの人は希望しているのですが、補助金を出してでも自治体が誘導しようとしている対策は介護予防給付の削減なのです。ホームヘルパーによってかろうじて日々の生活を継続し、ホームヘルパーによって心の支えと生きていく意欲を取り戻しつつある高齢者も、元の荒廃した生活に戻っていくかもしれないのです。「社会的弱者」の問題をすみやかに発見し、きめ細かく介護していくためには、かぎりなく小地域でのケアシステムが必要です。しかし、現実は、市町村の財政運営を維持、強化していくために広域化が進行しています。エリアの拡大は同時に、企業のための営業領域の拡大・効率化です。「特区」（構造改革特別区域。市場主導型の産業のあり方を自治体の規制緩和によって強化していくための政策手段）などによる大企業の進出、あるいはＴＰＰ（環太平洋経済協定）によるアメリカの医療・保険会社の事業進出と外国人労働者の流入など、その変化に対応するために介護事業所のさらなる合併が進み、他方、零細な介護事業所は閉鎖を迫られる、そうした構想が具体化するなら、それは地域間の住民の階層的格差の拡大（「軽度者」・「社会的弱者」切り捨て）のさらなる具体化となるでしょう。

5. 地域の介護力の創造と介護福祉労働者
――改めて問われている介護福祉労働の本質

本章の冒頭で、95年前後から日本の社会保障と雇用の形態が大きく転換していく背景を述べました。この場合、見失ってはならないのは、政府や財界等が雇用や社会保障のあり方を見直す動きを早めれば早める程、逆に国民側の医療や福祉、年金に対する社会的な需要が高まるということです。あるいは、「構造改革」のための労働力政策の矛盾が噴出してくるのです。しかし、その矛盾をあろうことか、多国籍企業戦略という、これまでの政策路線を強化する形で政府は乗り越えていこうとするのです。以下、その政策の流れが「地域包括ケアシステム」や「キャリア段位制度」をはじめとした介護福祉労働をめぐる現状に、どのように連結してきているのか、それを述べることによって現状分析の一端を述べていきたいと思います。

(1) 多国籍企業戦略への位置づけ

「構造改革」のための労働力政策とその矛盾が噴出してくると述べましたが、その現れとして第一に挙げるべきは、介護福祉労働者の供給がその社会的需要に追いつけないどころか、不安定就労の激化により離職者が増大していくという問題でしょう。それを、政府はこれまでの政策路線を強化する形で、多国籍企業戦略へ位置づけることによって乗り越えていこうとします。すなわち、後に述べますように、大量の失業者、生活保護層を介護福祉労働力として供給するために、国策として「キャリア段位制度」(注)を導入する一方で、他方で、例えば日本・ASEAN 包括的経済連携協定にみられるように、企業の海外進出をさらに拡大していく梃《てこ》として、その見返りに外国人労働者を積極的に活用していこうとしています。

なお、関連して、多国籍企業戦略を強化するために、環太平洋戦略的経済連携協定（Tpp）のもとで、アメリカの生命保険会社の受け入れを強化していこうとしていることにも留意していく必要があります。その潮流に乗って、今や日本においても、介護サービスの現物給付を組み入れた保険商品の販売が金融庁より認可されました。生命保険をはじめとして保険による給付は通常、現金によることが多いのですが、保険会社と事業提携した民間事業所が人も含めた介護サービスを提供するのです。単に提供するだけではありません。その費用と内容を保険会社が管理するのです。介護保険制度のもとで、介護の特性である公共性がさらに後退し、私的な保険原理による介護サービスの市場化が促進されていきます。

第二に、要介護者が増大・重度化していくという政策的な矛盾の激化です。それに対応するために政府は、要介護認定が軽度判定になるように「見直し」を進めてきました。

しかし、最終的には、医療費削減のために介護福祉労働力の「見直し」が求められるのです。その「見直し」も、これまでの細分化された部分労働の形態を強化発展していかないと、逆に育成コストが増大していきます。こうして、具体化してきたのが、スキルアップという名で政策的に育成された競争原理・自己責任原理による研修体系であり、医療行為の一部業務化です。そして、これらの地域における具体化が、今、焦点となっている「地域包括ケアシステム」であり、そのための「介護の質」が改めて問われているのです。

第三に、要介護者の増大・重度化に加えて、さらに、政府が進めてきた労働力政策の矛盾が大量の失業者、生活保護層として噴出してきます。そこから国策として出されたのが「キャリア段位制度」なのです。介護福祉労働は「病院から地域へ」「施設から在宅へ」「軽度から重度へ」という政策を担う部分労働として政策的に育成される一方、他方では、非正規や失業への雇用対策・景気対策を底辺から担う分野として国策されていくのです。

（注）――「キャリア段位制度」の対象業種は介護職以外に、①カーボンマネージャーという温室効果ガスの削減に取り組む「環境ビジネス」が広がっていくことをにらみ作られた業種、②食の6次産業化プロデューサー、すなわち、生産―1次産業、そして加工―2次産業、さらに、流通・販売・サービスという3次産業の一体化（1＋2＋3＝6次産業）や連携により、地域の農林水産物を活用した加工品の開発、消費者への直接販売、レストランの展開など食分野で新たなビジネスを創出することを目的とした業種。この2業種があがっています。

(2)「キャリア段位制度」――「介護の質」の向上を個人、事業所の自助努力とその競争にすり替える

政府は、介護という市場分野を、次のように想定しています。少ない財源で、未熟練労働者を雇用し、潜在的に需要の高い介護分野での供給力を高めるという想定です。なぜなら、介護福祉労働は家事の延長であり、専門性を要しない単純労働であると考えているからです。

具体的には、派遣労働者を含め非正規労働者や失業した人々を介護分野に移動させ、人材育成を進めていくために、公的機関が提供する職業訓練を「段位」と結びつけるわけです。そして、現場で働きながら実績を積み、職場内訓練（ＯＪＴ）をしながら技能を身につけさせよう

とします。他方で、複雑な研修制度を整理統合していきます（1級研修、2級研修、介護職員基礎研修等を介護職員初任者研修と実務者研修に統合しました）。

「キャリア段位制度」のもたらす効果を、内閣府は次のように宣伝しています。「キャリア段位制度」により、「職業能力を評価する『共通のものさし』をつくり人材育成」をおこなう。「キャリアや能力で評価される」ことによって「社会的評価」も高まり、「誇り」がもて、「定着率」も高まり、「処遇改善」に結びつくというものです。

しかし、その具体的な保障は何ら提示されていません。まず、問うべきは賃金・労働条件の引き上げであり、そこを抜きにして個々人の技術の向上はありえません。

さて、内閣府の提案した「共通のものさし」は介護の本質を具体化しているでしょうか。確かに、これまで、「経験主義的な方法」で介護技術を伝達しがちであったことは、少なからず否定できません。しかし、①細切れの身体介護技術に偏った「共通のものさし」で評価されるならば、生活（問題）に密着した介護福祉労働の全体性、個別性、歴史性、連関性、共同性という特性に関わる技術は「共通のものさし」のどこに反映されるのでしょうか。②「介護の質」や「給料」の向上を、個人、事業所の自助努力とその競争にすり替えることは、結局、利用者の介護において、介護職全体の気づき、働きかけ、その総意が結集されないことになるでしょう。国策に沿った「共通のものさし」で、職員や事業所に格差、分断をもたらすことになりかねないのではないでしょうか。③「介護の質」を確保・向上させるというなら、まずは、介護福祉職の賃金の全体的な底上げをおこなうべきでしょう。

(3) さらなる医療費削減をめざした上からの地域づくり――「地域包括ケアシステム」

介護福祉労働は、「病院から地域へ」「施設から在宅へ」「軽度から重度へ」という政策を担う部分労働として政策的に育成されていく一方、他方で、非正規や失業への雇用対策・景気対策を底辺から担う分野として国策化されていこうとしています。

その政策の典型が「地域包括ケアシステム」です。「地域包括ケアシステム」を構築するために、政府はどのような介護福祉労働（介護の質）の育成を考えているのでしょうか。政府による「介護サービスの質」に関する評価基準・介護報酬は、時期ごとの政策課題と、それへの誘導策のあり方によって変化がみられます。

1．まず、利用者の重度化対策、医療費削減の受け皿として、認知症や経管食事摂取、リハビリテーションを意識した介護報酬上の評価が設定されました。たとえば、①ターミナルケアという計画作成。②経管で食事摂取している入所者ごとの経口移行計画の作成、栄養士による経口食事摂取を進めるための管理。③医師または理学療法士等が入所早期におこなう集中的なリハビリテーションと、その成果としての在宅復帰率。④予防給付では、要支援者の維持・改善を評価した事業所評価加算などです。
2．他方、それを実践する介護福祉労働者の離職という現実に直面していきます。その結果、2009（平成21）年の介護報酬改定では、人材確保・キャリアアップに焦点をおいた、「特定事業所加算」「サービス提供体制強化加算」という小手先の対応がなされます。
3．そのうえで、さらなる医療費削減のために、①平均入院日数を削減（全国平均36日から27日へ短縮目標）する。②急性期病床の患者を亜急性期の病床にできるだけ移す。そして、慢性期病床の患者を介護に回す。そして、在宅復帰率で診療報酬を格付けする。③医療コスト面では入院医療において「一日当たり定額」（DPC）である診療報酬（「医療の標準化）を設定する。④病院・病床数では、厚労省の推計では、2025年度、病床全体で202万床必要としながら、計画は43万床を削減し、医療保険から介護保険へと移していく。⑤人的には、医師の育成を最低限にし、代わりに特定看護師を育成する。他方で、総合診療医を増やそうとする等、あの手この手で患者を在宅へと誘導しようとしてきました。
しかし、訪問診療（在宅療養支援診療所）も24時間訪問介護も、そして、医療保険の療養病床十万床削減目標や介護療養病床の廃止も、頭打ち状態で前にすすみません。
4．さらに、団塊世代の高齢化・都市の高齢化に対する医療費・介護ベッドの削減という政策課題がいよいよ切実になります。それでも、施設を増やさないというもので、出されてきたのが「外付け介護」（24時間介護を高齢者サービス住宅と外部からの介護福祉労働者の派遣によっておこなう）を基本とした高価な「家」造りであり、そして、生活援助切り捨てと一体となった「医行為」の介護業務化でした。

こうして、上記を地域で具体化する「地域包括ケアシステム」と、それを担う「介護の質」と、その育成が政策化されていくのです。

「地域包括ケアシステム」における「介護の質」の評価は、「自立支援」と「重度の在宅要介護者に対応できるか」が基本となります。介護報酬もそれに連動した成功報酬制度が立案されようとしています。

さて、問題は、言われる「地域包括ケアシステム」が実体としては、「軽度者」（社会的弱者）の切り捨てであることなのです。政府は、「地域包括ケアシステム」によって「住み慣れた日常生活圏域」で「必要なケア」を受け、「終末」を「自宅」で迎えられるといいます。

しかし、そのケアシステムを実現するための具体案は、ＮＰＯや近隣のボランティアの活用以外、現状では特になく、いわば「絵に描いた餅」なのです。

「終末」ということで驚くべき資料があります。社会保障審議会（２００2年第17回医療保険部会）で公表された試算ですが、終末期の入院医療費（死亡前1か月間を対象に試算）は年間で9千億円ですが、自宅等の死亡割合を二割から四割に引き上げると、２０２５年の医療費を5千億円削減できるというのです。ターミナルケアのあり方を考えるというより、先に医療費削減ありきの試算というべきでしょう。2015年の介護報酬において、中重度者へのケア体制には加算を付け、上記を促進させようとしています。

なお、「自宅」「住み慣れた地域」と表現しますが、居住地や高齢者住宅への住み替え、場合によっては「1泊800円、男女同室」への「住み替え」であっても、そこは「自宅」「住み慣れた地域」となるのです。

見失ってはならないのは、「軽度者」（社会的弱者）切り捨ては、営利企業のビジネスチャンスと表裏一体であることです。「アベノミクス」の具体化を目的とした「産業競争力会議」の報告、「健康長寿社会の実現」（2023年3月29日）において、次のような記述があります。

「介護予防領域・軽度者等に対するサービスや中重度になった場合の上乗せサービス（例えば配食サービス）は、民間保険（自己負担）でカバーするなどの仕組みを構築する。要介護度が高いほど報酬が高い現状に、度数を下げるインセンティブが働く仕組みをつくる」。

他方で、「医療・介護産業における労働力不足への対応」として「健康な高齢者による互助的な介護」「家族やボランティアによる介護」「介護ロボットの開発支援と普及促進」「外国人労働者の活用」「移民の本格的な受け入れに関する国民的な議論の喚起」を挙げています。

いかに、介護コストの削減と営利企業によるビジネスチャンスの拡大が表裏一体となって促進されているか、その一端が示されていると思います。

5．これまで述べてきた政策を実現するために介護福祉の人材育成はさらに悪化しようとしています。介護福祉士養成校において予定されていた国家試験が期限なしの延期になりました。介護福祉養成校では、今後、外国人の実習生による受け入れによって経営維持を図ることが主流になるかもしれません。他方、1日数時間のわずかな研修による高齢者ボランティアなどにより「介護者」を育成していくと政府は言います。事業所も専門家集団どころか、さらなる質的低下が予想されます。

(4) 介護福祉における資格要件緩和

社会保障審議会福祉部会人材確保専門委員会における、「2025年の介護人材の全体像と介護福祉士の担うべき機能の方向性」において、次の資料が出されました。

図1（次頁）に示す三角形の図を見てください。いわば無資格の底辺労働者をつくる、最悪の「人材の全体像」です。労働者は山頂へ向かえというのでしょうか。しかし、介護報酬というパイは限定されていますので、結局は限られた財源と人材の範囲内で格差を広げることになります。スキルアップという名のもとに、競争原理を押し付けてくるのでしょうか。しかし、現状では、個人がスキルアップしてもそれを反映させるチームケアのためのコミュニケーショ

ンと実践する人そのものが量・質ともに保障されていません。政府は、「キャリアや能力で評価される」ことによって「社会的評価」も高まり「誇り」がもて、「定着率」も高まり「処遇改善」に結びつくと言うのです。しかし、その具体的な保障は何ら提示されていません。

くり返しますが、まず問うべきは賃金・労働条件の引き上げであり、そこを抜きにして個々人の技術の向上はありえないと思います。「介護の質」や「給料」のアップを結局、個人と事業者の自助努力と競争にすり替えているのです。

図1に示す三角形の図に戻りますが、山頂へと向かうタテ線だけではなく、ヨコの底辺も、細分化され競争されていき

図1　人材の類型・体系

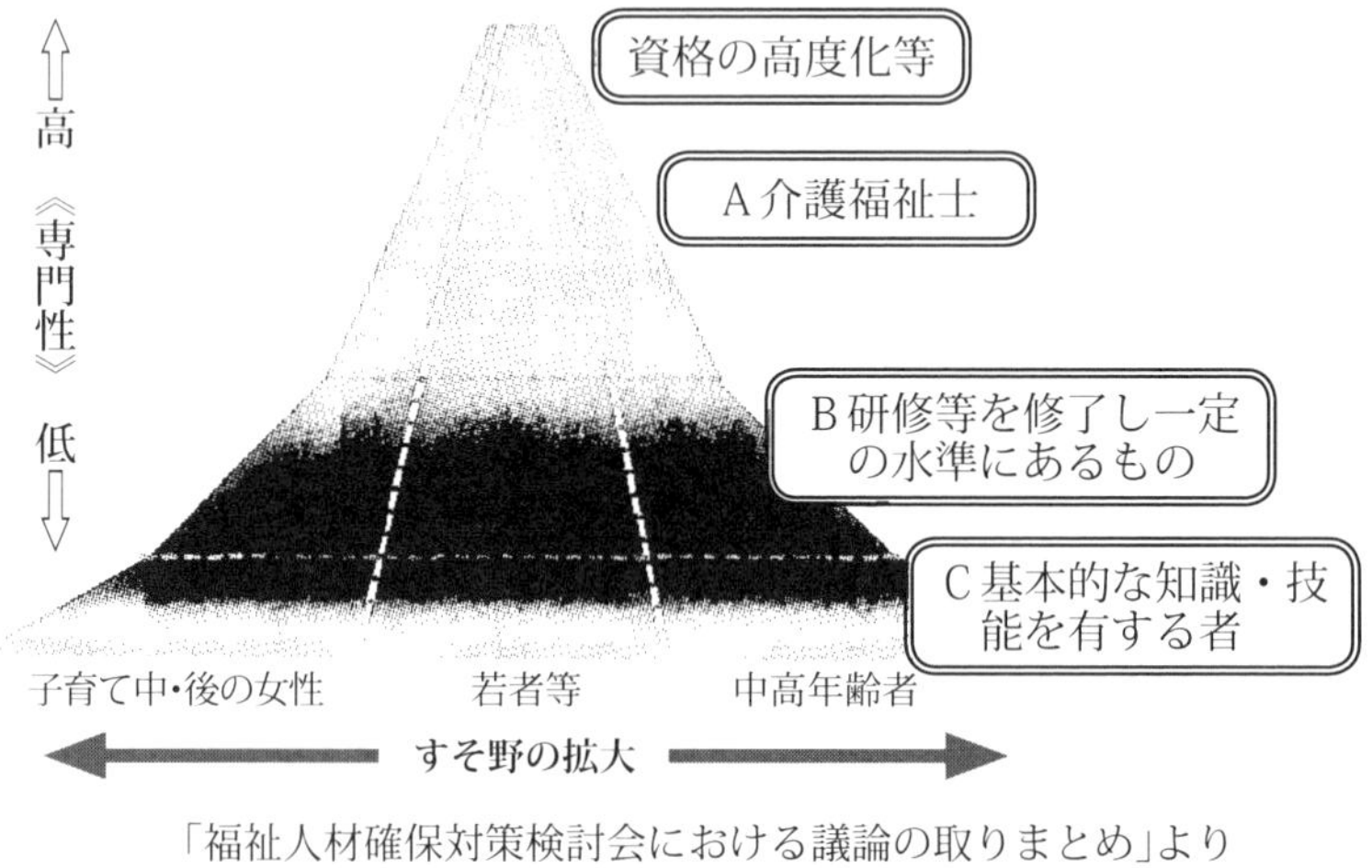

「福祉人材確保対策検討会における議論の取りまとめ」より

ます。例えば、ホームヘルパーでは、1．現行予防給付の訪問介護、利用者負担1割、所得によって2割負担。2．訪問型サービスA、たとえば、シルバー人材センターに緩和した基準で委託され、利用者は3割負担と実費。3．訪問型サービスB、住民主体の自主活動・ボランティアとしておこなわれる。4．訪問型サービスC、短期集中予防サービス。たとえば、栄養士会・歯科衛生士会に委託され単価５０００円、利用者1割負担と実費。5．訪問型サービスD、移送支援を中心に、例えば、通所型サービスの移動支援を指定事業者に委託で単価は片道５００円、利用者負担3割と実費等、幾つかの類型を設計しています。このパターンは保育をめぐる人材育成政策と同様です。タテに年齢別区分をおこない、ヨコに無資格の従事者が占めるという共通点を持った複数の事業所区分を提案しています。

現状でも、例えば隣接している事業所であっても、そこでどのような実践がおこなわれているのか、互いに何をやっているかわからないほど分断され、競争させられています。この上、さらに分断化されていくと連携どころか、もっと競争が深刻化していくのではないでしょうか。もっとも、事業所が手を挙げるかどうかですが、そこへ利益しか考えない事業所が侵入してきますと、福祉のブラック企業化が進み、それがまた、「募集しても応募がない」「社会的評価が低い」といつた現象を増大させていく恐れもあります。

見失ってはならないことは、人材確保という名のもとに、政府が進めてきた多国籍企業をはじめとした労働力政策のもとで、大量に生み出されてきた失業者層や外国人労働力を、介護福祉労働力にとりこみ、低賃金労働力として再編・育成するということ、そのことによって同時に、政策上の問題点を隠蔽しようとしていることです。いま介護福祉労働者は、「病院から地域へ」「施設から在宅へ」「軽度から重度へ」といった医療介護政策の受け皿として政策的に養成されていく一方で、労働力政策の犠牲者を隠蔽するために、そして、外国人実習制度に見られるように企業の海外進出を拡大する「てこ」として利用されようとしています。

一方で、混合介護、混合医療など公的な社会保険が対象にならない範囲を拡大し、他方で低賃金かつ無資格で短期育成型の不安定雇用労働者を養成し数合わせをしようとしているのです。これでは、２０２５年に目標とする介護福祉労働者２５０万人の確保はとうてい無理です。なお、介護保険制度の労働対象は介護保険開始当時、「慢性期」を対象としていましたが、今はいわば亜急性期、つまり、要介護度３に重点を移しています。

医療・介護費用コストを限りなく抑えるため、介護サービスの量と、その対象者を限定し、そのサービスを担う労働をより細分化した不熟練労働力に担わせるのです。

あろうことか高齢者に介護ボランティアを押し付けたり、吸痰や胃ろう確保など限りなく医行為に近い業務を介護福祉士が担う業務として法律で定めて、教育体系カリキュラムに取り入れる。そして、いまや、介護福祉士養成施設ルートに課した国家試験の実施は実質的に期限なき延期になりました。

労働力をめぐる問題は、介護報酬と一体に議論しないと始まらないのですが、わたしは「名称独占」というあり方こそ、今、問われなくてはならないと思います。
①資格がなくても介護で働けるとして、研修もその教育体制や内容・質において、今でも低いのに、もっと緩和したらどうかと政策側は言います。
②他方で、養成校に行かなくても、介護に就ける、資格もとれるということで学生も減少していく。養成校における教育対象、教育内容も変質していく。
③結果として、そうした労働力だからということで低賃金構造が温存されていく。
④社会的評価も上がっていかない。こうした悪循環です。
そういう点で、わたしは今こそ、介護福祉士・社会福祉士・保育士等の名称独占を業務独占に変えていく必要があると思います。

そのためにも、いまの介護福祉カリュキュラムや資格の統一、そして、介護福祉現場と教育機関との連携のあり方を、教員自身が介護福祉労働者とともに意識的に追求していかねばならないと思います。

6. 24時間定期巡回・随時対応型訪問サービスを実践していく前に

――雇用形態の改善とチームケア

(1) 現状はどうなのか

24時間定期巡回・随時対応型訪問サービスが導入されました。しかし、その実施状況は2014年8月末時点（老健局振興課調べ）で、保険者数236にとどまっています。実施している事業所は大都市部が中心です。事業所数は525か所（一体型194、連携型340）、利用者数にして8972人です。

改めて指摘することではないのですが、在宅における24時間ケアが一般化していくこと、それ自体は社会的意義をもっています。たとえば、退院したその夜にベッドから転倒し、そのまま起き上がれず亡くなられたり、お風呂に入ったのはよいが出られなくなったりなど、在宅に向けて留意しなくてはならないことはたくさんあります。

すでに、1998年から、市町村はこぞって巡回型訪問介護への移行を試みてきています。しかし、今後、地域包括ケアシステムの一環として移行していく前に、今日までどのような課題が積み残されているか振り返っておく必要があると思います。

(2)モデル事業からみえた枠組み

厚労省は24時間定期巡回・随時対応型訪問サービスの対象者を一人暮らしの高齢者、または、高齢者のみの世帯や中重度の人々を考えています。要支援1および要支援2の要介護認定者は利用できません。注目すべきは、中心的な対象者に独居の要介護度3以上の高齢者を考えていることです。地域空間としては、1中学校区内、サービス量は1日複数回1回15分から20分以内の訪問介護です。その際、看護師によるモニタリングを要件とします。こうした枠組みは提示するのですが、どのような介護サービスを、どのように提供するのか、それは周知のごとく当該自治体・事業者に丸投げになっているのです。

(3)支給限度額・応益負担

利用者にとっては、介護サービスがたとえば15分と限られており、何をしてもらうにも中途半端な時間です。他方、一旦利用すると、あっというまに支給限度額を超えてしまいます。たとえば、訪問介護と訪問看護をおこなう「一体型」の事業所の場合、訪問介護サービスを利用すると、要介護2では支給限度額の約7割、要介護4では約8割を占めることになります。それを超えると全額負担です。現状のような年金生活では、利用したくてもその前にお金という壁が立ちはだかるのです。

(4)要介護度3以下の「軽度者」切り捨て

何故、こうした介護報酬が設定されたのでしょうか。

介護報酬単価を特養多床室と比べてみますと、要介護3では特養多床室が770単位/日に対し、24時間巡回型訪問介護・看護は682単位/日、要介護4が特養多床室、889単位/日に対し、24時間巡回型訪問介護・看護は833単位/日と差が縮小していきます。

そして、要介護5になると、特養多床室が907単位/日に対し、24時間巡回型訪問介護・看護は1002単位/日と逆転するのです。

ここに、今回の改定の狙いであった外付け介護を推進しようとする意図が見られます。外付け介護とは、居宅系サービスも在宅〈自宅以外の在宅〉と位置づけ、医療、介護における人的サービスは外部サービスで提供し、看取りもふくめて医療・介護コストの削減と市場の拡大を目的とするものです。この外付け介護を介護報酬によって推進していこうとする政府の企てが現れているのです。あるいは、その費用捻出のために特養多床室に対する費用を削減していく(併せて、特養ホーム入所者のうち、要介護度1と2の「軽度の要介護者」の利用料を引き上げる)という政策目的が現れていると思います。

施設、在宅を問わず、今日まで政府が追求してきた要介護度3以下の「軽度者」切り捨ては、まさに全面的に実施されようとしているのです。

(5)市場原理

もっとも大切な問題なのですが、介護サービスが利潤優先の〝駆け足介護〟(手際よく処理しうるケースを組み合わせ、できるだけ数多くのケースをこなす)になる危険性が強いことです。たとえば、遠距離のため移動に時間がかかり、しかも生活援助に多くの時間を要する過疎地の一人暮らし老人への訪問はどうなるでしょうか。また、介護報酬が定量・定型化している条件下では、「経営の効率化」を第一目的におかない、いわゆる良心的な事業所、ヘルパーほど経営が悪化し、労働強化が強いられるのが現状ではないでしょうか。介護報酬で事業運営をするには、初期投資の金額が大きい一方、事業を立ち上げ継続していくためには、あまりに介護報酬が低いのです。結局、人件費に跳ね返り、ひいては人材確保が厳しいという悪循環が予想されるのです。

(6)常勤換算というペテン

関連して、常勤職員の確保、人数整備の問題です。これを今の介護報酬とそれに規定された労働条件のもとで整備していくには相当な工夫というか困難さがあります。これまで、巡回型の訪問は主に常勤職員が担当しています。その場合、多くの常勤職員は、巡回型と滞在型をかけもちながら交替勤務をこなしてきました。当然、訪問時間以外の事例検討会議や引き継ぎの時間は以前にも増してもてなくなりました。実際、「久しぶりに顔を会わせたね」という会話が生まれるほどです。これは勤務のやりくりという技法上の問題ではありません。常勤職員の人数の問題なのです。登録のパートヘルパーで数合わせをおこない、24時間訪問介護に当たらせようという、無理を承知の上での問題なのです（厚労省の試算では、24時間巡回型訪問介護随時対応の場合、職員配置は24時間1以上の職員を配置すると常勤換算で4.2人〈24時間×7日÷週40時間〉必要となります）。

(7) 喪失していく介護の真髄

細切れで、不規則・不安定な深夜勤務をこなすという労働形態であればあるほど、次のことが問われていきます。すなわち、担当するホームヘルパーが複数であればあるほど、相互にコミュニケーションを徹底し、全員の気づきや介護の考え方、方法を共有しなくてはならないのです。しかし、その前提条件は、不規則・不安定な労働条件においては、きわめて困難であることは言うまでもありません。要介護者とケアスタッフ、そして、ケアスタッフ間のコミュニケーションという介護の真髄を支えるための政策が、現政権の下では、ますます逆行しているのです。

(8) イラストで濁された保健・医療・福祉の連携

医療をはじめとした関係機関との連携が、実質的に保障されることなく、政府は24時間訪問介護を一般化していこうとしていることです。もっといえば、かかりつけの医者がいない要介護状態にある高齢者も少なくありません。政府は、保健・医療・福祉の連携がこれまで以上に必要であることは言明します。しかし、そのために必要な行財政計画については自治体任せといってもよいでしょう。在宅療養支援診療所を軸とする療養拠点整備、そのための訪問看護ステーションの人員不足の解消、訪問介護と訪問看護との実質的な連携、地域包括支援センターの人材確保等、基本的なところが、現状、足踏みというより後退状況です。それなのに政府は、夢のような地域包括ケアシステムのイラストを描くだけで済まそうとしているのです。

(9) 見えてこない労働条件

夜勤という勤務形態の不規則性は、多くのホームヘルパーの場合、当初の労働契約にはなかったものです。その不安は既存のホームヘルパーにとってきわめて大きいものがあります。「複数のヘルパーによる訪問介護は実質、保障されていない」「昼間でも緊急対応が不安なのに夜間になると予測すらできない」など、懸案事項も多いのです。しかし、それ以前に、登録・パートという労働条件におかれている今、自分が夜間に出かけるなど想定しているヘルパーは少ないでしょう。他方、緊急時をはじめ、突風・豪雨など天候悪化時における移動に対する労働安全策など、24時間訪問介護をめぐる基盤整備は、今のところ多くの市町村が手つかずの状態です。

以上の8点がすべてではないのですが、24時間定期巡回・随時対応型訪問サービスを普及していくためには、すぐにでも解決されなければならない基盤整備があることはご理解いただけたと思います。我々自身も単に政策批判するだけではなく、具体的な労働条件と連携の有り様を提案していかなくてはならないと思います。もっとも、介護保険制度そのもののあり方が根本的に問われているのです。

さて、今、大切なことは、その基盤整備の根幹は、登録ヘルパーをはじめとした非正規雇用を廃止していくことにあります。現状、政府の政策は逆行しています。そのための国民的な運動が求められています。その点でホームヘルパーの運動のあり方が問い直されています。以下では、その展望を指し示す北海道勤労者医療協会労働組合（北海道勤医労）の実践を紹介しましょう。

⑽雇用形態の改善とチームケア

２０１２年３月末時点、北海道勤医労の20職場では２６０名が登録ヘルパーでした。労働組合員数は85名、組織率33％です。一般的に登録ヘルパーは直行直帰で、利用者に対する情報の共有も乏しく、さらに、移動時間、報告書作成時間の「非労働」扱いなど、多くの問題を抱えています。登録ヘルパーの雇用形態について、２００４年厚労省労働基準局は、「使用者の指揮監督の下にあること等から、労働基準法第９条の労働者に該当する」として登録ヘルパーの労働者性を明確にしました。２００５年厚労省審議会は「情報の共有や技術蓄積が困難で、チームとしてのケアが成り立ちにくい」（第32回、社会保障審議会介護給付費分科会）などの問題点をあげ、２００５年衆議院厚生労働委員会は「直行直帰型のホームヘルパー及びグループホームの夜勤についてその労働実態を把握し所要の改善を図ること」としました。しかし、その後の介護保険法改正においては具体的な改善は示されていません。

北海道勤医労の職場においても「個人情報の保護などを理由に登録ヘルパー同士の連絡を取らないよう指導され、直行直帰の登録ヘルパーは孤独な中で働いている」「時給そのものを引き上げてほしい」「インク代、通信費、ＦＡＸの紙代がかかる」「登録ヘルパーは働いていても精神的に拘束されている割に短時間なので収入が少ない」など切実な声が次々と出されています（「北海道勤医労在宅支部通信シナプス」２０１０年2月16日号・２０１０年2月17日号）。

２０１０年2月16日、在宅支部は「登録ヘルパーのパート職員化」を春闘要求として決定しました。２０１０年2月23日、在宅支部の提案を受けて北海道勤医労は、①利用者の入院で仕事が無くなるという不安定な雇用形態の解消、②チーム医療・介護を実践するうえでの労働条件の格差是正という立場から、「登録ヘルパーを雇用の安定のために職員にされたい」とする春闘要求を確認して交渉を開始しました。

私がまさに、教訓だと感じたのは、北海道勤医労・在宅医療福祉協会札幌支部は、徹底的な仲間とのコミュニケーションによって、まずは登録ヘルパーの組織化を図るため交流を企画し、徹底的に要求を討議し、支部団体交渉を進めていることです。今のままの登録ヘルパーでよいという意見もあり、いわゆる「中抜け」で登録時間以外は家事ができる自由さを維持したいという意見も根強かったそうです。登録ヘルパーから「2000年から登録ヘルパーで働いてきた。一律になくすのはおかしい。パート職員を希望しない場合は、仕事を辞めなければならない」といった意見が出る一方、サービス提供責任者から、「午前1時間・午後1時間などのいわゆる『中抜け勤務契約』が認められないと派遣を組むことができない」といった意見が出されてきます。

さらに、単に登録を廃止するだけではなく、①有給休暇はどうなるのか、②事業所に集結する人数が増えるのだから記録などの事務スペース、休憩室の確保はどうなるのか、③これまでは自家用車であったが公用車の確保はどうなるのか、制服はどうするのか、④遠方通勤時の対応はどうか、⑤何よりも具体的な賃金はどうか、労働契約時間の決め方はどうかといった質問・意見が出されます。

運動の成否の決め手は徹底的な仲間とのコミュニケーションでした。北海道勤医労は、「介護事業は登録ヘルパーに支えられている。全員辞めずに働き続けてほしい。どのような条件がクリアされたら働き続けられるか一緒に考えたい」「『中抜け勤務契約』は拘束時間が長く労働者の負担が大きい。早朝と夕方だけの勤務など雇用形態として歯止めが効かない。他の労働者へ波及することから原則認めない」とする立場を明確にして、2012年7月末の合意をめざして職場討議を継続することにしたのです。

先行例は、浦河ヘルパーステーションでした。登録という雇用形態をなくすことにより、より良い介護を実践するための情報共有が「チーム制」としてしっかりとできるようになったことです。「チーム制」とは、原則全ての利用者を全てのヘルパーが訪問できるチーム体制です。職場討議では、ヘルパーから「登録ヘルパーからパート職員となり、中抜け勤務から労働時間がまとまったことで拘束感の負担が減った」、「訪問先での利用者さんの状況を伝えやすくなった」などの労働負担の軽減、質の向上について感想が出されました。サービス提供責任者からは、「出勤・退勤が原則となったことで、連絡ノートの活用で情報共有がしっかりできるようになった。伝えきれないこともチームで補い合えるようになった」「事業所内でのケアマネや訪問看護師との連携が強まった」「ヘルパー同士、事業所で情報を話し合えるようになり、悶々とした気持ちで帰っていたことが解消されたのではないか」「今までは状況が見えない中で電話かけをしていたが、事業所にヘルパーがいるので急な派遣調整の負担が減った」などの改善点がだされました。

さて、今後、引き続く課題はありますが、北海道勤医労の事例を参考に、全国で職場討議と団体交渉をおこなう今日的な意義はあると思いませんか。

「わたしの働いている事業所ではとても無理」、そう感じている仲間こそ、「何故、実践しえたのか」その経験を交流できる場を作っていきたいと思います。

こうした運動一つひとつの成果を点から線へ、そして、面へと広げていくことによって、その地道な実践が、実は不安定な雇用形態を解消し、全員辞めずに働き続けることを追及していく全国的な運動へと波及していくのだと思いませんか。

対人格労働である介護は人なくしては始まりません。この意味でも労働組合運動は大切な社会的意義を持っているのです。「賃金はぎりぎりだけど、労働組合費を払ってもいい。大切にしていきたい」。そう、一人でも多くの仲間が感じあえるように、介護福祉労働と労働組合運動について、ぜひ、多くの職場で交流会をもち、本音で語り合う場を作っていきたいと思います。


上記は、以下の文献を参考にしてください。

1．「北海道勤医労、登録パート化アンケート集計」２０１３年６月11日
2．「登録ヘルパー・パート化アンケートから見えてくるもの」２０１３年６月15日、北海道勤医労在宅支部
3．「勤医労」２１１８、２０１３年６月13日、北海道勤医労労働組合
4．「北海道勤医労在宅支部第20回定期大会議案」２０１０年10月16日
5．「北海道勤医労在宅支部通信シナプス」２０１０年２月16日号・２０１０年２月17日号
6．「生活援助は削れない！北海道の85事例集」２・19介護集会実行委員会

おわりに

以下の文章は、2004年、『介護福祉労働論』を著した時に記した〝おわりに〟の文章です。

「介護福祉にとって何か一番大切なものが、次第に失われているような気がするのはわたしだけであろうか。かつて、いま以上に劣悪な労働条件にあった、例えば特別養護老人ホームの職員にとって、その労働条件を跳ね返す喜びの一つは次のような実践であり、その成果であった。たとえば、〝寝たきり〟のまま病院から入所されて来たお年寄りが、社会的には専門職として見なされていなかった自分たちの懸命な働きかけによって、やがて座位が取れるようになり、車椅子に乗れるようになり、不満を言われるようになり（権利意識が芽生え）、大声で歌われるようになることであった。時には、酒を酌み交わすこともあった。お互い仲間として人生の喜怒哀楽を分かち合う。生き方を学ぶ。そんな思いで、乾杯を何回もやった。そうした素朴ではあるが、介護の萌芽的な実践が積み重ねられていたのである。無論、今日、その量・質的な発展はいうまでもない。夢中でやってきた実践が、いま専門職として体系化されつつある。しかし、その介護実践を枠にくくり、細切れ身体労働に変容させようとしているのが厚労省である。他方、医療が必要であるにもかかわらず病院にいられない、されど退院しても行き場が無い、そういう人々が依然として増えている。介護の現場は「利用者」の重度化が著しい。それに対応するための介護報酬はあまりに低い。結局は、社会的弱者にあらゆる矛盾が集中するのである」。

改めて、考えてみたとき、こうした情勢はより深刻になり、矛盾は激化してきています。そうした中で、改めて、本書を著してみて、力不足をつくづく感じています。しかし、微力にしろ、言うべきことは言わないといけない。しつこいといわれても何度も同じことを訴えていかないといけない。そう思っています。

さて、読者は本書掲載の森川京子先生の詩に大きな感銘を受けられたと思います。先生の詩には介護の真髄が表現されています。無駄のない、そして抑制された詩的表現によって読者は介護の真髄を奥深く実感していくのです。いつも、ご迷惑をおかけしていることを改めてお詫びします。

今回も萌文社の谷安正氏にお世話になることになりました。谷氏は介護福祉のよき理解者であり、わたしたち仲間の援助者でもあります。記して謝意を表したいと思います。

本書は、京都女子大学より出版経費の一部助成を受けて発刊することができました。学長をはじめ、関係各位に感謝を申し上げます。

【著者紹介】

石田　一紀（いしだ　かずき）

立命館大学産業社会学部卒業後、日本福祉大学大学院社会福祉学専攻修了。
保健福祉学博士。現在、京都女子大学家政学部生活福祉学科教授。

《主な著書》

『社会福祉における「対象」研究序説』　あったか書房、1991 年
『地域民主主義を問いつづけて』（共著）　部落問題研究所、1992 年
『介護福祉士のための社会福祉概論』（共著）　相川書房、1996 年
『介護福祉研究入門』（共著）　大学教育出版、1997 年
『介護福祉士これでいいか』（共著）　ミネルヴァ書房、1998 年
『介護における人間理解』（共編著）　中央法規、1999 年
『未来に語り継ぎたい介護の本質』（共著）　みらい、1999 年
『納得できない要介護認定』（共編著）　萌文社、1999 年
『介護保険とホームヘルパー』（共編著）　萌文社、2000 年
『新・介護福祉学とは何か』（共著）　ミネルヴァ書房、2000 年
『要介護認定 SOS』（共著）　インデックス出版、2000 年
『高齢・精神障害者とホームヘルパー』（共編著）　萌文社、2001 年
『Essential 老人福祉論』（編著）　みらい、2001 年
『介護保険を告発する』（共著）　萌文社、2001 年
『介護における共感と人間理解』　萌文社、2002 年
『介護福祉労働論』　萌文社、2004 年
『社会福祉対象論』　萌文社、2004 年
『介護における自立援助』（編著）　クリエイツかもがわ、2006 年
『認知症の人を在宅でいかに支えるか』（編著）　クリエイツかもがわ、2009 年
『高齢者介護のコツ―介護を支える基礎知識』（編著）　クリエイツかもがわ、2010 年
『人間発達と介護労働』　かもがわ出版、2012 年

介護労働の本質と働きがい

2015 年 9 月 15 日　初版第 1 刷

著　者　石田 一紀

発行者　谷　安正
発行所　萌文社（ほうぶんしゃ）
〒 102-0071　東京都千代田区富士見 1-2-32　東京ルーテルセンタービル 202
TEL 03-3221-9008　FAX 03-3221-1038
郵便振替　00190-9-90471
Email info@hobunsya.com　URL http://www.hobunsya.com

印刷・製本／モリモト印刷　装幀・イラスト／田中律子

ISBN978-4-89491-297-7 C3036